Weihnachts-bäckerei

Rezept	Seite	Kalorien/Portion	Gelingt leicht	Zum Nachmittagskaffee	Braucht etwas Zeit	Spezialität	Raffiniert	Zum Verschenken	Glutenfrei	Preiswert
Schokoschmätzchen	6	45	●						●	●
Sonnenblumenmakronen	6	95	●				●			
Muskatzonen	8	80	●					●		
Tuttifruttiplätzchen	8	60	●							●
Zimtsterne	10	80				●		●	●	
Spekulatius	11	90				●		●		
Nougat-Marzipan-Makronen	12	110					●	●	●	
Ingwerplätzchen	12	55	●					●		
Vanillekipferl	14	60	●			●				●
Haselnußbrote	14	90	●							●
Anisplätzchen	16	20					●			●
Kokosmakronen	16	50						●	●	●
Spritzgebäck	17	50						●		●
Weihnachtsteegebäck	17	55	●							●
Pistazienhalbmonde	18	60	●					●	●	
Gewürzherzen	18	65	●				●	●	●	
Grillierte Schokomandeln	18	250	●				●	●	●	●
Früchtekrokant	20	65	●				●	●	●	
Sesamkonfekt	20	60	●		●			●	●	
Rumkugeln	22	30	●					●		●
Bethmännchen	22	75			●	●		●	●	
Mandelstollen	26	450		●	●	●	●	●		

Rezept	Seite	Kalorien/Portion	Gelingt leicht	Zum Nachmittagskaffee	Braucht etwas Zeit	Spezialität	Raffiniert	Zum Verschenken	Glutenfrei	Preiswert
Mohnstriezel	28	310		●	●	●	●			
Früchtebrot	30	250			●	●		●		
Quarkstollen	31	230	●	●						●
Dresdner Christstollen	32	400		●	●	●		●		
Nußrolle	34	330	●	●	●		●			
Honigkuchenherzen	38	100	●		●			●		●
Pflastersteine	38	75	●		●					●
Dominosteine	40	100			●	●	●			●
Hexenhäuschen	42	6400			●		●	●		
St. Gallener Bieberle	44	100	●			●	●			
Liegnitzer Bömbchen	45	110	●	●	●	●	●	●		
Elisenlebkuchen	46	50	●		●	●	●	●		
Aachener Printen	46	120	●		●	●	●	●		
Bûche de Noël	50	290		●		●	●	●		
Honig-Ingwer-Kuchen	50	330	●	●		●		●		●
Weihnachtskranz	52	235	●	●		●		●		
Weihnachtslichtel	53	220		●	●		●	●		
Punschapfeltorte	54	430		●	●		●			●
Sächsischer Blechkuchen	56	210	●	●		●				●
Zimtwaffeln	56	270	●	●						●
Baumkuchenecken	58	240			●	●	●	●		
Mohnsahnetorte	60	310		●	●		●			●

Wegweiser

Plätzchen & Konfekt

Sie schmecken jung und alt, schmücken Tisch und Baum und hübsch verpackt sind sie beliebte Geschenke: ohne Plätzchen und Konfekt wäre Weihnachten kein Fest. Und weil der Teig so schnell geknetet und gebacken ist, sich Plätzchen so herrlich einfach verzieren lassen und es auch nicht auffällt, wenn das eine oder andere Stück im Mund verschwindet, machen auch Kinder beim Backen gerne mit.

Ändert man diese Zusammensetzung bekommt der Mürbeteig eine andere Beschaffenheit. So macht ein höherer Zukkeranteil das Plätzchen knuspriger und brüchiger, wie es zum Beispiel bei Spekulatius erwünscht ist. Wird dazu der Fettanteil erhöht, wird das Gebäck sandiger, wie bei Sand- oder Spritzgebäck. Auf eine Küchenwaage sollte man nie verzichten, denn Gebäck gelingt nur, wenn die Mengen genau eingehalten werden.

1-2-3, der Plätzchenteig

Die einfachste Plätzchenrezeptur kann man sich nach der Faustregel 1:2:3 ganz einfach merken. Die Zahlen geben den Anteil der Zutaten an: Auf 1 Teil Zucker kommen 2 Teile Butter und 3 Teile Mehl.

Mürbeteig mag's kühl

Für Mürbeteig sollte die Butter oder Margarine sehr kalt sein, sonst wird der Teig zu klebrig und läßt sich schlecht ausrollen. Deshalb stellt man den Teig auch vor dem Ausrollen kalt. Ist er zu weich geworden oder tritt das Fett heraus, so lassen Sie ihn nochmals durchkühlen.

Unterschiedliche Ausstechformen und Garnierungen bringen Vielfalt auf den Weihnachtsteller.

Für den bunten Teller

Nicht nur Gewürze geben Plätzchen einen eigenen Geschmack, auch die Zugabe von Kakao, Marzipan, Nüssen, Zitrusschale, Vanille und Rum. Mit dem Riesenangebot an Dekorationsmaterial und den leckeren Glasuren sind der Phantasie auch beim Verzieren keine Grenzen gesetzt. Unzählige Ausstechformen lassen das Gebäck ebenso abwechslungsreich aussehen. Plätzchenformen gibt es aus Weißblech und Plastik. Die aus Weißblech haben die schärferen Kanten und eignen sich deshalb besser zum Ausstechen. Drücken Sie die Förmchen während des Ausstechens immer mal wieder in Mehl, damit kein Teig haften bleibt.

Nützlich: Backpapier

Mit Backpapier ersparen Sie sich das Fetten der Bleche, Ihre Plätzchen haben weniger Kalorien und bleiben garantiert nicht kleben. Backpapier kann man mehrmals verwenden. Es lohnt sich auch die Anschaffung von abwaschbarem Dauerbackpapier (gibt's in Haushaltsgeschäften).

Vanillezucker selbermachen

Geben Sie feinen Zucker und eine aufgeschlitzte Vanilleschote in ein luftdicht schließendes Glas. Lassen Sie diese Mischung etwa zwei Wochen ziehen. Der Zucker bleibt ungefähr ein Jahr aromatisch.

Mandeln schälen

Mandelkerne lassen sich ganz leicht schälen: Kerne in eine Schüssel geben, mit kochendem Wasser übergießen und 5 Minuten darin ziehen lassen. Mandeln in ein Sieb gießen und kurz abtropfen lassen. Nun können Sie die Mandeln zwischen Daumen und Zeigefinger ganz leicht aus der Schale drücken.

Mandeln, die nicht gleich verwendet werden, auf einem Backblech verteilen und in der Restwärme des Backofens trocknen. Auch die braune Haut um die Mandel enthält Geschmacksstoffe, deshalb werden, je nach Gebäck, die Mandeln geschält oder ungeschält verwendet.

Wußten Sie schon, welche Gewürze in einer Spekulatius-Gewürzmischung stecken? Macisblüte, Zimt, Nelken, Pfeffer, Kardamom und Ingwer.

Kuvertüre schmelzen

Kuvertüre ist eine Schokoladenglasur aus Kakaomasse, Kakaobutter und Zucker. Sie wird in kleine Stücke gebrochen und im Wasserbad oder in der Mikrowelle bei 600 Watt geschmolzen. Damit die Kuvertüre schön glänzt, läßt man sie abkühlen, bis sich ein halbfester Rand bildet, um sie dann wieder ein wenig zu erwärmen. Danach durchrühren und gleichmäßig auftragen. Wollen Sie Plätzchen und Konfekt in der Kuvertüre tauchen, schmelzen Sie immer mehr Kuvertüre, als im Rezept angegeben ist. Dann lassen sich auch die letzten Stücke noch mühelos überziehen. Schokoladen- und Kuchenglasuren eignen sich ebenso zum Verzieren. Man braucht sie nur einmal zu erwärmen, sie haben allerdings nicht so einen zarten Schmelz wie Kuvertüre. Weder bei Kuvertüre noch bei Schokolade darf Wasser zugegeben werden, sonst wird sie dicker oder fest. Reste von Kuvertüre oder Schokoladenguß können Sie für heiße Kakaogetränke verwenden. Einfach in heiße Milch geben und einmal aufkochen.

Schokoschmätzchen

- Preiswert
- Gelingt leicht

Für etwa 40 Stück:

Für den Teig:	
150 g Puderzucker	
3 TL Kakaopulver	
4 Eiweiß	
150 g Zucker	
1 Päckchen Vanillinzucker	
Zum Dekorieren:	
100 g Schokoladenkuvertüre, halbbitter	
bunte Zuckerstreusel oder -perlen	
Für das Backblech:	
Backpapier	

Zubereitungszeit: 40 Min.
Backzeit: 3 Std.

Bei 40 Stück pro Stück ca.:
190 kJ/45 kcal
1 g EW/1 g F/9 g KH

1 Den Puderzucker und das Kakaopulver in einer Schüssel vermischen. Das Backpapier auf das Backblech legen. Den Backofen auf 100° vorheizen.

2 Die Eiweiße steif schlagen, dabei den Zucker und den Vanillinzucker einrieseln lassen. Die Puderzuckermischung unterheben.

3 Die Eischneemasse in einen Spritzbeutel mit Sterntülle füllen und Rosetten von etwa 2 1/2 cm ø auf das Backblech spritzen. Im Backofen (Mitte, Umluft 80°) in etwa 3 Std. trocknen lassen. Dabei die Ofentür einen Spalt breit offen lassen, damit die Feuchtigkeit entweichen kann.

4 Eine Metallschüssel in einen Topf mit wenig heißem, aber nicht kochendem Wasser stellen. Die Kuvertüre in die Schüssel geben und im Wasserbad schmelzen. Die Spitzen der Schokoschmätzchen in die flüssige Kuvertüre tauchen. Sofort die Zuckerstreusel oder -perlen darauf streuen.

VARIANTE

Statt des Kakaopulvers können Sie auch 5 EL Zitronen- oder anderen Fruchtsaft zum Eischnee geben.

Sonnenblumenmakronen

- Gelingt leicht
- Raffiniert

Für etwa 50 Stück:

600 g Sonnenblumenkerne	
1 mittelgroße Möhre	
230 g Zucker	
2 Eiweiß	
2 EL Mehl	
3 EL Honig	
50 Oblaten mit 50 mm Ø	

Zubereitungszeit: 45 Min.
Backzeit: 18 Min.

Bei 50 Stück pro Stück ca.:
390 kJ/95 kcal
3 g EW/6 g F/7 g KH

1 Sonnenblumenkerne fein hacken. Die Möhre waschen, putzen, schälen und fein reiben. Den Backofen auf 190° vorheizen.

2 Möhrenraspel mit 400 g Sonnenblumenkernen und dem Zucker, den Eiweißen, dem Mehl und dem Honig in einen Topf geben. Bei milder Hitze unter Rühren erwärmen, bis sich die Zutaten miteinander verbunden haben. Die Oblaten auf dem Backblech verteilen.

3 Den Teig in einen Spritzbeutel geben und auf die Oblaten spritzen oder mit Hilfe von zwei Kaffelöffeln darauf setzen.

4 Die Makronen mit den restlichen Sonnenblumenkernen dekorieren und im Backofen (Mitte, Umluft 170°) in etwa 18 Min. backen.

VARIANTE

Verwenden Sie statt Sonnenblumenkernen fein gehackte Walnüsse und tauchen Sie die fertig gebackenen, abgekühlten Makronen in geschmolzene Vollmilchschokolade, die Sie mit 1 Prise Lebkuchengewürz aromatisieren. Auf Backpapier trocknen lassen.

Im Bild oben: Schokoschmätzchen
Im Bild unten: Sonnenblumenmakronen

Muskatzonen

● Gelingt leicht
● Zum Verschenken

Für etwa 50 Stück:

250 g Mehl
125 g Zucker
200 g gemahlene Haselnüsse
Salz
frisch geriebene Muskatnuß
Zimtpulver
Nelkenpulver
125 g kalte Butter
1 Ei
Zum Dekorieren:
1 Eigelb
150 g Mandelhälften
Für das Backblech:
Butterschmalz
Für die Arbeitsfläche:
Mehl

Zubereitungszeit: 1 Std.
Ruhezeit: 1 Std.
Backzeit: 12–15 Min.

Bei 50 Stück pro Stück ca.:
340 kJ/80 kcal
1 g EW/5 g F/7 g KH

1 Das Mehl, den Zucker, die Haselnüsse sowie je 1 Prise Salz, Muskatnuß, Zimt- und Nelkenpulver auf die Arbeitsfläche häufeln.

2 Die Butter kleinschneiden und darauf verteilen. Eine Mulde in die Mitte drücken und das Ei hineingeben. Alles zu einem glatten Teig verkneten und zugedeckt etwa 1 Std. kühl stellen.

3 Den Backofen auf 180° vorheizen. Das Backblech fetten.

4 Den Teig auf der bemehlten Arbeitsfläche etwa 5 mm dick ausrollen. Mit einem Glas oder einer Ausstechform Kreise von etwa 4 cm Ø ausstechen, halbieren und auf das Backblech legen.

5 Das Eigelb mit einer halben Tasse Wasser verrühren. Die Muskatzonen damit bestreichen und mit den Mandelhälften dekorieren.

6 Die Plätzchen im Backofen (Mitte, Umluft 160°) in 12–15 Min. goldgelb backen.

Tuttifruttiplätzchen

● Gelingt leicht
● Preiswert

Für etwa 60 Stück:

300 g Mehl
100 g Zucker
1 Päckchen Vanillinzucker
abgeriebene Schale von 1/2 unbehandelten Zitrone
Salz
200 g kalte Butter
1 Ei
1 EL kandierte Kirschen
1 EL Orangeat
1 EL Zitronat
2 EL Krokant
1 Eigelb
Für das Backblech:
Butterschmalz
Für die Arbeitsfläche:
Mehl

Zubereitungszeit: 45 Min.
Ruhezeit: 1 Std.
Backzeit: 12 Min.

Bei 60 Stück pro Stück ca.:
240 kJ/60 kcal
1 g EW/3 g F/7 g KH

1 Das Mehl, den Zucker, den Vanillinzucker, die Zitronenschale und 1 Prise Salz auf die Arbeitsfläche häufeln.

2 Die Butter kleinschneiden und darauf verteilen. Eine Mulde in die Mitte des Mehls drücken und das Ei hineingeben. Alles zu einem glatten Teig verkneten.

3 Die Kirschen klein hacken und mit dem Orangeat, dem Zitronat und dem Krokant in den Teig einarbeiten. Den Teig zugedeckt etwa 1 Std. kühl stellen.

4 Das Backblech fetten. Den Backofen auf 180° vorheizen.

5 Den Teig auf der bemehlten Arbeitsfläche etwa 5 mm dick ausrollen und in Rauten von etwa 2 cm Kantenlänge schneiden. Auf das Backblech setzen.

6 Das Eigelb mit einer halben Tasse Wasser verrühren. Die Plätzchen damit bestreichen. Im Backofen (Mitte, Umluft 160°) in etwa 12 Min. goldgelb backen.

Im Bild oben: Muskatzonen
Im Bild unten: Tuttifruttiplätzchen

Zimtsterne

● Spezialität
● Glutenfrei

Für etwa 40 Stück:

3 Eiweiß
200 g Puderzucker
1 Päckchen Vanillinzucker
400 g gemahlene Mandeln
2 TL Zimtpulver
Für das Backblech:
Backpapier

Zubereitungszeit: 1 Std.
Ruhezeit: 30 Min.
Backzeit: 25 Min.

Bei 40 Stück pro Stück ca.:
340 kJ/80 kcal
2 g EW/5 g F/6 g KH

1 Die Eiweiße steif schlagen, dabei den Puderzucker und den Vanillinzucker nach und nach dazugeben. Etwa 1 Tasse von dem Eischnee abnehmen und kühl stellen.

2 Unter den restlichen Eischnee 300 g Mandeln und das Zimtpulver heben. Den Teig zugedeckt etwa 30 Min. kühl stellen.

3 Das Backblech mit Backpapier belegen. Den Backofen auf 150° vorheizen.

4 Die Arbeitsfläche mit den restlichen Mandeln bestreuen und den Teig darauf etwa 7 mm dick ausrollen.

5 Einen Sternausstecher in kaltes Wasser tauchen, einen Stern damit ausstechen und auf das Backblech setzen. So fortfahren, bis der ganze Teig verbraucht ist. Die Sterne dünn mit dem restlichen Eischnee bestreichen.

6 Die Zimtsterne im Backofen (Mitte, Umluft 130°) in etwa 25 Min. backen. Die abgekühlten Zimtsterne bewahren Sie am besten in einer gut schließenden Blechdose auf.

Spekulatius

- Spezialität
- Zum Verschenken

Diese Delikatesse aus Holland darf auf keinem Weihnachtsteller fehlen.

Für etwa 50 Stück:

450 g Mehl
250 g Zucker
50 g gemahlene Mandeln
1 TL Zimtpulver
1 TL gemahlene Muskatblüte
Salz
80 g kalte Butter
1 Ei
5 Tropfen Bittermandelaroma
100 ml Milch
Für das Backblech:
Butterschmalz
150 g gehobelte Mandeln
Außerdem:
Küchengarn

Zubereitungszeit: 1 Std.
Ruhezeit: 1 Std.
Backzeit: 10 Min.

Bei 50 Stück pro Stück ca.:
370 kJ/90 kcal
2 g EW/4 g F/12 g KH

1 Das Mehl, den Zucker, die Mandeln, den Zimt, die Muskatblüte und 1 Prise Salz in eine Schüssel geben. Die Butter kleinschneiden und darauf verteilen. Das Ei, das Mandelaroma und die Milch hinzufügen. Alles zu einem glatten Teig verkneten und zugedeckt etwa 1 Std. kühl stellen.

2 Das Backblech leicht fetten und mit den gehobelten Mandeln bestreuen. Den Backofen auf 180° vorheizen.

3 Den Teig portionsweise auf einen Spekulatiusmodel drücken und ein Stück Küchengarn zwischen Holz und Teig durchziehen. Den Teig aus der Form auf das Backblech klopfen. Auf diese Weise den gesamten Teig verarbeiten.

4 Die Spekulatius im Backofen (Mitte, Umluft 160°) in etwa 10 Min. goldgelb backen. Die abgekühlten Spekulatius lagern Sie am besten in einem Karton, der mit ein paar Luftlöchern versehen ist.

TIP!

Sie können den Teig auch mit einer Spekulatiusrolle ausstechen. Oder Sie verwenden die üblichen Ausstechformen und drücken anschließend mit einem Stäbchen Linien in die Oberfläche. Dafür den Teig etwa 5 mm dick ausrollen.

Nougat-Marzipan-Makronen

● Raffiniert
● Glutenfrei

Für etwa 20 Stück:

200 g Marzipanrohmasse
2 Eiweiß
200 g Zucker
1 TL abgeriebene Schale von einer unbehandelten Zitrone
Für die Füllung:
100 g Nougat
Für das Backblech:
Backpapier

Zubereitungszeit: 50 Min.
Backzeit: 10–15 Min.

Bei 20 Stück pro Stück ca.:
460 kJ/110 kcal
1 g EW/4 g F/18 g KH

1 Das Backblech mit dem Backpapier belegen und den Backofen auf 180° vorheizen.

2 Die Marzipanrohmasse in kleine Stücke schneiden. Die Eiweiße mit dem Zucker, der Marzipanrohmasse und der Zitronenschale verrühren.

3 Den Teig in einen Spritzbeutel mit Lochtülle füllen. Etwa 40 Plätzchen von etwa 3 cm Ø auf das Backpapier spritzen. Im Backofen (Mitte, Umluft 160°) 10–15 Min. backen, bis sie hellbraun sind. Die Plätzchen kalt werden lassen.

4 Eine Metallschüssel in einen Topf mit wenig heißem, aber nicht kochendem Wasser stellen. Den Nougat kleinschneiden und in die Schüssel geben. Im Wasserbad cremig rühren.

5 Nougat in einen Spritzbeutel füllen. Jeweils auf ein Plätzchen einen Klecks Nougat spritzen, ein zweites Plätzchen daraufsetzen.

6 Die Creme fest werden lassen und die Nougat-Marzipan-Makronen in einer gut schließenden Blechdose lagern.

TIP!

Schön sieht es aus, wenn Sie die Makronen mit einer feinen Linie aus geschmolzener Schokolade garnieren.

Ingwerplätzchen

● Gelingt leicht
● Zum Verschenken

Für etwa 60 Stück:

Für den Teig:
200 g Mehl
150 g Zucker
Salz
1 TL Ingwerpulver
1/2 TL Zimtpulver
200 g Butter
100 g Marzipanrohmasse
Zum Dekorieren:
150 g eingelegter Ingwer
1 Eigelb
Für das Backblech:
Butterschmalz
Für die Arbeitsfläche:
Mehl

Zubereitungszeit: 1 Std.
Ruhezeit: 1 Std.
Backzeit: 12–15 Min.

Bei 60 Stück pro Stück ca.:
230 kJ/55 kcal
1 g EW/3 g F/6 g KH

1 Das Mehl, den Zucker, eine Prise Salz, das Ingwer- und das Zimtpulver auf die Arbeitsfläche häufeln. Die Butter und die Marzipanrohmasse kleinschneiden und darauf verteilen. Alles rasch zu einem glatten Teig verkneten. Den Teig zugedeckt etwa 1 Stunde kühl stellen.

2 Das Backblech fetten. Den Backofen auf 180° vorheizen. Den Teig auf der bemehlten Arbeitsfläche etwa 4 mm dick ausrollen. Mit einem Glas oder einer runden Ausstechform von 5 cm Ø Plätzchen ausstechen und auf das Blech legen.

3 Den eingelegten Ingwer abtropfen lassen, mit Küchenpapier trockentupfen und in kleine Würfel schneiden. Das Eigelb mit 1/2 Tasse Wasser verrühren und die Plätzchen damit bestreichen. Den Ingwer auf die Plätzchen geben und leicht andrücken.

4 Im Backofen (Mitte, Umluft 160°) in 12–15 Min. goldgelb backen. Lagern Sie die fertigen Plätzchen in einem Karton, der mit ein paar Luftlöchern versehen ist.

Im Bild rechts oben: Nougat-Marzipan-Makronen
Im Bild Mitte: Ingwerplätzchen

Nicht halb so gut wie die aus den dicken Kochbüchern!

Vanillekipferl

- Spezialität
- Preiswert

Für etwa 50 Stück:

200 g Mehl
80 g Zucker
2 Päckchen Vanillinzucker
50 g gemahlene Mandeln
Salz
125 g kalte Butter
1 Ei
100 g Puderzucker
Für die Arbeitsfläche:
Mehl
Für das Backblech:
Backpapier

Zubereitungszeit: 50 Min.
Ruhezeit: 1 Std.
Backzeit: 15 Min.

Bei 50 Stück pro Stück ca.:
240 kJ/60 kcal
1 g EW/3 g F/7 g KH

1 Das Mehl, den Zucker, den Vanillinzucker, die gemahlenen Mandeln und eine Prise Salz auf die Arbeitsfläche häufeln.

2 Die Butter kleinschneiden und darauf verteilen. Eine Mulde in den Haufen drücken und das Ei hineingeben. Alles zu einem glatten Teig verkneten und zugedeckt etwa 1 Std. kühl stellen.

3 Das Backblech mit Backpapier belegen. Den Backofen auf 180° vorheizen.

4 Den Teig zu dünnen Rollen formen und in jeweils etwa 7 cm lange Stücke teilen. Die Teigstücke zu Hörnchen (»Kipferl«) biegen und auf das Backblech legen.

5 Die Kipferl im Backofen (Mitte, Umluft 160°) in etwa 15 Min. goldbraun backen. Noch heiß mit dem Puderzucker bestreuen. Die abgekühlten Vanillekipferl können Sie gut in einem Karton lagern.

TIPS!

- Besonders lecker schmecken die Kipferl, wenn Sie den Puderzucker zum Bestreuen mit Vanillezucker aromatisieren.
- Schneiden Sie die Teigrollen in etwas längere Stücke und formen Sie zur Abwechslung Brezen aus dem Teig.

Haselnußbrot

- Gelingt leicht
- Preiswert

Für etwa 50 Stück:

300 g Mehl
100 g Puderzucker
1 Päckchen Vanillinzucker
Salz
200 g kalte Butter
1 Ei
100 g Haselnüsse
Für die Glasur:
100 g Schokoladenkuvertüre, halbbitter
Für das Backblech:
Butterschmalz
Außerdem:
Backpapier

Zubereitungszeit: 50 Min.
Ruhezeit: 1 Std.
Backzeit: 12 Min.

Bei 50 Stück pro Stück ca.:
360 kJ/90 kcal
1 g EW/5 g F/9 g KH

1 Das Mehl, den Puderzucker, den Vanillinzucker und eine Prise Salz auf die Arbeitsfläche häufeln.

2 Die Butter kleinschneiden und darauf verteilen. In die Mitte eine Mulde drücken und das Ei hineingeben. Alles zu einem glatten Teig verkneten. Zum Schluß die Haselnüsse einarbeiten. Den Teig zu einer etwa 40 cm langen Stange formen und zugedeckt etwa 1 Std. kühl stellen.

3 Das Backblech leicht fetten. Den Backofen auf 180° vorheizen.

4 Die Teigstange in etwa 8 mm dicke Scheiben schneiden. Die Scheiben auf das Backblech legen. Im Backofen (Mitte, Umluft 160°) in etwa 12 Min. goldgelb backen. Das Haselnußbrot herausnehmen und abkühlen lassen.

5 Eine Metallschüssel in einen Topf mit wenig heißem, aber nicht kochendem Wasser stellen. Die Kuvertüre in die Schüssel bröckeln und im Wasserbad schmelzen. Die Brote bis zur Mitte in die flüssige Schokolade tauchen. Zum Trocknen auf Backpapier legen.

Im Bild oben: Vanillekipferl
Im Bild unten: Haselnußbrot

Anisplätzchen

- Preiswert
- Raffiniert

Für etwa 50 Stück:

2 Eier
100 g Zucker • Salz
80 g Mehl
2 EL feine Speisestärke (z. B. MONDAMIN)
1 TL Anispulver
Für das Backblech:
Backpapier

Zubereitungszeit: 60 Min.
Backzeit: 30 Min.
Trockenzeit: 12 Std.

Bei 50 Stück pro Stück ca.:
75 kJ/20 kcal
1 g EW/1 g F/4 g KH

1 Das Backblech mit Backpapier belegen. Eine Metallschüssel in einen Topf mit wenig heißem Wasser stellen. Die Eier mit dem Zucker und einer Prise Salz darin schaumig schlagen. Die Schüssel aus dem Wasserbad nehmen und die Eier weiterschlagen, bis eine dicke Creme entstanden ist.

2 Das Mehl, die Speisestärke und das Anispulver über die Creme sieben und vorsichtig mit einem Löffel unterheben. 1 EL Wasser dazugeben.

3 Die Masse in einen Spritzbeutel mit Lochtülle füllen und Plätzchen mit etwa 2 1/2 cm ø auf das Backblech spritzen. Bei Zimmertemperatur etwa 12 Std. trocknen lassen, bis sich eine zarte Kruste gebildet hat.

4 Den Backofen auf 140° vorheizen und die Plätzchen in etwa 30 Min. (Mitte, Umluft 120°) fertig backen.

Kokosmakronen

- Zum Verschenken
- Glutenfrei

Für etwa 60 Stück:

400 g Zucker
1 Päckchen Vanillezucker
200 g Kokosraspel
5 Eiweiß
Für das Backblech:
Backpapier

Zubereitungszeit: 1 Std.
Backzeit: 10 Min.

Bei 60 Stück pro Stück ca.:
200 kJ/50 kcal
0 g EW/2 g F/7 g KH

1 Das Backblech mit Backpapier belegen. Den Backofen auf 170° vorheizen.

2 Den Zucker, den Vanillezucker, die Kokosraspel und die Eiweiße in einem weiten Topf vermischen.

3 Die Masse bei mittlerer Hitze unter Rühren erhitzen, aber nicht kochen. Von der Herdplatte nehmen und etwas abkühlen lassen, bis die Masse so dick ist, daß sie aufgespritzt werden kann.

4 Die Kokosmasse in einen Spritzbeutel mit Sterntülle geben und kleine Häufchen auf das Blech spritzen. Die Makronen im Backofen (Mitte, Umluft 150°) in 10 Min. goldgelb backen.

TIP!

Kaufen Sie sehr feine Kokosraspel, denn die binden die Flüssigkeit besser.

Spritzgebäck

- Preiswert
- Zum Verschenken

Für etwa 70 Stück:

250 g Butter
100 g Puderzucker
1 Ei • 1 Prise Salz
3 Tropfen Vanillearoma
3 Tropfen Zitronenaroma
250 g Mehl
50 g feine Speisestärke (z.B. MONDAMIN)
2 EL Kakao • 1 EL Öl
Für das Backblech:
Butterschmalz

Zubereitungszeit: 25 Min.
Backzeit: 10–15 Min.

Bei 70 Stück pro Stück ca.:
210 kJ/50 kcal
1 g EW/3 g F/5 g KH

1 Das weiche Fett mit dem Puderzucker schaumig rühren. Das Ei, das Salz, das Vanille- und Zitronenaroma dazugeben, weiterrühren, bis eine homogene Masse entstanden ist.

2 Ofen auf 180° vorheizen, Backblech fetten. Das Weizenmehl und die Speisestärke sieben und unter die Fettmasse rühren. Den Kakao mit dem Öl verrühren und unter die Hälfte der Spritzgebäckmasse geben.

3 Hellen Teig in einen Spritzbeutel füllen und Rosetten, Ringe, Herzen, Bärentatzen oder S-förmige Plätzchen auf das Blech spritzen. Mit der dunklen Spritzgebäckmasse genauso verfahren oder mit der hellen Masse kombinieren.

4 Das Spritzgebäck im Backofen (Mitte, Umluft 160°) in 10–15 Min. goldgelb backen.

Weihnachtsteegebäck

- Gelingt leicht
- Preiswert

Für etwa 90 Stück:

400 g Mehl
100 g feine Speisestärke (z.B. MONDAMIN)
150 g Zucker
1 Päckchen Vanillezucker
1 Prise Salz
100 g Marzipanrohmasse
250 g kalte Butter
1 Ei
Zum Bestreichen:
1 Eigelb
Für das Backblech:
Butterschmalz
Für die Arbeitsfläche:
Mehl

Zubereitungszeit: 30 Min.
Ruhezeit: 1 Std.
Backzeit: 10–15 Min.

Bei 90 Stück pro Stück ca.:
225 kJ/55 kcal
1 g EW/3 g F/7 g KH

1 Den Ofen auf 180° vorheizen. Das Mehl, die Speisestärke, den Zucker, den Vanillezucker und das Salz auf die Arbeitsfläche häufen. Marzipan und Butter kleinschneiden und darauf verteilen. Eine Mulde in das Mehl drükken, das Ei hineingeben. Alles verkneten und zugedeckt etwa 1 Std. kühl stellen.

2 Das Backblech fetten. Den Teig auf der bemehlten Arbeitsfläche etwa 3 mm dick ausrollen. Verschiedene Formen daraus ausstechen, auf das Backblech legen.

3 Das Eigelb mit 1/2 Tasse Wasser verrühren und die Plätzchen damit bestreichen. Im Backofen (Mitte, Umluft 160°) in 10–15 Min. backen.

Pistazienhalbmonde

- Zum Verschenken
- Gelingt leicht

Für etwa 50 Stück:

400 g Marzipanrohmasse
60 g gehackte Pistazien
Für die Glasur:
200 g Schokoladenkuvertüre, halbbitter
Für die Arbeitsfläche:
Puderzucker
Außerdem:
Backpapier

Zubereitungszeit: 1 Std.

Bei 50 Stück pro Stück ca.:
250 kJ/60 kcal
1 g EW/4 g F/6 g KH

1 Auf die Arbeitsfläche dünn Puderzucker sieben. Die Marzipanrohmasse darauf etwa 8 mm dick ausrollen. Die Pistazien auf die Marzipanplatte streuen und mit dem Teigroller eindrücken. Mit einer Ausstechform Halbmonde ausstechen.

2 Eine Metallschüssel in einen Topf mit wenig heißem, aber nicht kochendem Wasser stellen. Die Kuvertüre in die Schüssel bröckeln und im Wasserbad schmelzen. Die Halbmonde auf eine Gabel legen, in die flüssige Kuvertüre tauchen und auf Backpapier trocknen.

Gewürzherzen

- Raffiniert
- Zum Verschenken

Für etwa 25 Stück:

200 g Marzipanrohmasse
1 TL Lebkuchengewürz
Zum Dekorieren:
25 Mandelhälften
100 g Schokoladenkuvertüre, halbbitter
Außerdem:
Backpapier
Für die Arbeitsfläche:
Puderzucker

Zubereitungszeit: 1 Std.

Bei 25 Stück pro Stück ca.:
270 kJ/65 kcal
1 g EW/4 g F/6 g KH

1 Die Marzipanrohmasse und das Lebkuchengewürz miteinander verkneten. Die Mandelhälften in einer trockenen Pfanne goldgelb rösten.

2 Auf die Arbeitsfläche Puderzucker sieben. Das Marzipan darauf etwa 5 mm dick ausrollen. Kleine Herzen ausstechen.

3 Die Kuvertüre im Wasserbad schmelzen. Die Herzen auf einer Gabel in die Kuvertüre tauchen, auf Backpapier legen und die Mandelhälften darauf setzen.

Grillierte Schokomandeln

- Gelingt leicht
- Raffiniert

Für etwa 600 g:

100 g Zucker
300 g ungeschälte Mandelkerne
150 g Schokoladenkuvertüre, halbbitter
2 EL Kakaopulver
2 EL Puderzucker

Zubereitungszeit: 30 Min.

Bei 600 g pro 50 g ca.:
1050 kJ/250 kcal
6 g EW/17 g F/19 g KH

1 Den Zucker mit 3 EL Wasser aufkochen lassen. Die Mandeln dazugeben und so lange umrühren, bis der Zucker karamelisiert. Die Mandeln zum Auskühlen auf Alufolie ausbreiten.

2 Eine Metallschüssel in einen weiten Topf mit wenig heißem, aber nicht kochendem Wasser stellen. Die Kuvertüre in die Schüssel bröckeln und im Wasserbad unter Rühren schmelzen.

3 Die Schüssel aus dem Wasser nehmen. Die abgekühlten Mandeln in die Kuvertüre geben und so lange mit der Schokolade verrühren, bis diese fest geworden ist.

4 Das Kakaopulver und den Puderzucker jeweils auf einen Teller geben. Die eine Hälfte der Schokomandeln in dem Kakaopulver wälzen, die andere Hälfte in dem Puderzucker.

TIP!

Wenn Sie etwas Lebkuchengewürz unter die geschmolzene Kuvertüre rühren, schmecken die Schokomandeln besonders weihnachtlich.

Im Bild oben: Gewürzherzen
Im Bild Mitte: Pistazienhalbmonde
Im Bild unten: Grillierte Schokomandeln

Früchtekrokant

● Gelingt leicht
● Raffiniert

Für etwa 60 Stück:

100 g kandierte Kirschen
150 g Zucker
1 Päckchen Vanillinzucker
70 g Butter
3 EL Honig
60 g Marzipanrohmasse
Salz
3 EL Zitronat
3 EL Orangeat
80 g gehackte Haselnüsse
100 g gehackte Mandeln
20 g gehackte Pistazien
Für die Glasur:
100 g Schokoladenkuvertüre, Vollmilch
Außerdem:
Öl

Zubereitungszeit: 1 Std.

Bei 60 Stück pro Stück ca.:
270 kJ/65 kcal
1 g EW/4 g F/6 g KH

1 Die kandierten Kirschen fein hacken.

2 Den Zucker und den Vanillinzucker in einem Topf bei schwacher Hitze schmelzen. Die Butter, den Honig, die gewürfelte Marzipanrohmasse und eine Prise Salz unter Rühren dazugeben.

3 Die kandierten Kirschen, das Zitronat, das Orangeat, die Haselnüsse, die Mandeln und die Pistazien einrühren.

4 Ein Stück Alufolie und den Teigroller mit Öl einfetten. Die Krokantmasse auf die Alufolie geben, etwa 1 cm dick ausrollen. Abkühlen lassen.

5 Eine Metallschüssel in einen Topf mit wenig heißem, aber nicht kochendem Wasser stellen. Die Kuvertüre in die Schüssel bröckeln und im Wasserbad schmelzen.

6 Die Krokantplatte in kleine Quadrate schneiden. Die Stücke jeweils zur Hälfte in die Kuvertüre tauchen. Früchtekrokant zum Trocknen auf Alufolie legen.

Sesamkonfekt

● Raffiniert
● Gelingt leicht

Für 1 Form von etwa 20 x 15 cm:

150 g Honig
150 g Zucker
1 Päckchen Vanillinzucker
Salz
100 g gehackte Walnüsse
150 g Sesamsamen
Außerdem:
Öl

Zubereitungszeit: 45 Min.
Trockenzeit: 4 Std.

Bei 45 Stück pro Stück ca.:
250 kJ/60 kcal
1 g EW/3 g F/7 g KH

1 Den Honig, den Zucker, den Vanillinzucker, eine Prise Salz und 100 ml Wasser in einen Topf geben und bei schwacher Hitze etwa 10 Min. kochen lassen.

2 Eine rechteckige Form mit Alufolie glatt auslegen. Die Folie dünn mit Öl bestreichen.

3 Die Walnüsse und den Sesamsamen in den Sirup rühren und bei schwacher Hitze etwa 5 Min. kochen lassen. Dabei ständig rühren, damit die Masse nicht ansetzt.

4 Mit einem in Öl getauchten Löffel die Masse in die Form geben und glattstreichen.

5 Die Schneide eines Wiegemessers einölen und damit die Bruchkanten für die einzelnen Stücke in das Konfekt drücken.

6 Das Sesamkonfekt mindestens 4 Std. trocknen lassen. An den Einschnitten in Stücke brechen.

Im Bild oben: Sesamkonfekt
Im Bild unten: Früchtekrokant

Rumkugeln

● Zum Verschenken
● Preiswert

Für etwa 50 Stück:

200 g Löffelbiskuits
1 EL Marmelade
6 cl Rum
50 g weiche Butter
100 g zartbittere Schokolade
100 g Schokoladenstreusel

Zubereitungszeit: 1 Std.

Bei 50 Stück pro Stück ca.:
130 kJ/30 kcal
1 g EW/2 g F/3 g KH

1 Die Löffelbiskuits zerreiben oder im Blitzhacker fein mahlen. Die Marmelade mit dem Rum und der Butter in einer Schüssel verrühren. Die Biskuitbrösel untermischen.

2 Eine Metallschüssel in einen Topf mit siedendem Wasser stellen. 60 g Schokolade in die Schüssel bröckeln und im Wasserbad schmelzen. Die flüssige Schokolade unter die Biskuitmasse rühren.

3 Den Teig zu einer Rolle von etwa 2 cm Ø formen und in etwa 50 gleich große Stücke schneiden. Jedes Stück zu einer Kugel formen.

4 Die Schokoladenstreusel auf einen Teller geben. Die restliche Schokolade in dem Wasserbad schmelzen. Jeweils etwa einen halben Teelöffel voll davon auf die Handfläche träufeln und jede Kugel mit beiden Händen damit einreiben.

5 Solange die Schokolade noch weich ist, die Rumkugeln in den Schokoladenstreuseln wälzen. Zum Trocknen auf ein Kuchengitter legen.

VARIANTE

Wenn Sie auf den Alkohol bei den Rumkugeln verzichten möchten, nehmen Sie statt des Rums Fruchtsirup. Damit die Kugeln trotzdem nach Rum schmecken, geben Sie zu dem Teig 1/2 TL Rumaroma.

TIP!

Lustig sehen die Kugeln auch mit bunten Zuckerstreuseln aus.

Bethmännchen

● Braucht etwas Zeit
● Spezialität

Für etwa 40 Stück:

Für den Teig:
50 g Puderzucker
1 EL Speisestärke (z.B. Mondamin)
400 g Marzipanrohmasse
1 Eiweiß
Zum Dekorieren:
1 Eigelb
120 Mandelhälften
Für das Backblech:
Backpapier

Zubereitungszeit: 1 Std.
Trockenzeit: 8 Std.
Kühlzeit: 1 Std.
Backzeit: 15–20 Min.

Bei 40 Stück pro Stück ca.:
320 kJ/75 kcal
2 g EW/5 g F/7 g KH

1 Den Puderzucker und die Speisestärke in eine Schüssel sieben. Mit der Marzipanrohmasse und dem Eiweiß zu einem Teig verkneten und etwa 1 Std. kühl stellen.

2 Den Teig zu einer Rolle von etwa 1 1/2 cm Ø formen. In etwa 40 gleich große Stücke schneiden. Jedes Stück zu einer Kugel formen.

3 Das Backblech mit Backpapier belegen. Das Eigelb mit 1/2 Tasse Wasser verrühren. Die Marzipankugeln damit bestreichen. Je 3 halbe Mandeln an 1 Kugel drücken.

4 Die Kugeln auf das Backblech setzen und etwa 8 Std. trocknen lassen.

5 Den Backofen auf 150° vorheizen. Die Bethmännchen im Ofen (Mitte, Umluft 130°) 15–20 Min. backen, bis sie goldgelb sind.

TIP!

Tauchen Sie die Bethmännchen mit der Spitze in geschmolzene Kuvertüre.

Im Bild oben: Rumkugeln
Im Bild unten: Bethmännchen

Stollenvariationen

Durch die christliche Religion ist dem Stollen die Bedeutung des in weißen Windeln gewickelten Kindes gegeben worden. Woher das Wort »Stollen« kommt, ist unklar. Am treffendsten scheint die Verbindung mit der Form, sie ist groß und mächtig, zu sein. Seine erste urkundliche Erwähnung findet der Stollen in Naumburg an der Saale. Dort waren die Bäcker ab dem Jahre 1329 verpflichtet, dem Bischof Heinrich jedes Jahr »zween lange Stollen« zu entrichten. Um 1700 spendierte die Dresdner Bäckerinnung alljährlich ihrem Landesherren einen oder zwei Weihnachtsstollen von 36 Pfund Gewicht, die acht Meister und acht Gesellen selbst zum Schloß trugen.

Mehl: Die kleinen Unterschiede

Die Rezepte in diesem Buch wurden, soweit nicht anders angegeben, mit Weizenmehl Type 405 gebacken. Die Typenzahl auf der Mehltüte gibt Auskunft darüber, wie ausgemahlen dieses Getreide ist beziehungsweise wieviel Nährstoffe noch im Mehl sind. Je höher die Typenzahl, desto mehr Schalenanteile und damit Nährstoffe sind im Mehl und umso herzhafter schmeckt es. Ob Sie Vollkorn- oder Weißmehl verwenden, ist grundsätzlich Geschmackssache. Wenn Sie jedoch in einem Rezept Weißmehl mit Vollkornmehl austauschen, sollten Sie noch etwas Flüssigkeit zugeben.

Der Vorteig in der Mehlmulde wird mit Mehl bestreut und muß so lange gehen, bis sich im Mehl Risse zeigen.

Hefe macht den Stollen locker

Die Zutaten für einen Hefeteig sollen alle gleichmäßig zimmerwarm sein, damit die Hefe richtig arbeiten kann. Achten Sie darauf, daß die Hefe für den Teig ganz frisch ist, nur dann geht der Stollen richtig auf. Frische Hefe fühlt sich feucht an, löst sich leicht vom Papier und hat eine helle Farbe ohne dunkle Streifen und Kanten. Sie riecht angenehm frisch. Ohne ihre Treibkraft zu verlieren, kann Hefe eine Woche im Kühlschrank gelagert werden. Tiefgefroren hält sie sich für etwa vier Wochen, sollte dann aber sehr langsam aufgetaut werden. Salz und Fett verhindern die Hefetätigkeit, deshalb wird immer erst ein Vorteig aus Milch, Zucker und Hefe zubereitet. Frische Hefe wird in Würfeln von 40 Gramm verkauft. Trockenhefe erhalten Sie in kleinen Tütchen, ihre genaue Verwendung steht auf der Verpackung.
Damit keine Klümpchen oder Fremdstoffe in den Teig geraten, sollten Sie das Mehl sieben, bevor Sie es verarbeiten. Außerdem wird das Mehl dadurch mit Sauerstoff angereichert, und die Hefepilze werden optimal versorgt.

Typische Stollenzutaten

Orangeat ist mit einer konzentrierten Zuckerlösung haltbar gemachte Pomeranzenschale. Die Pomeranze ist eine bittere Orangensorte mit einer sehr aromatischen Schale. Nur diese wird für Dickzuckerfrüchte und Likör (Curaçao) verwendet.
Rosinen ist der Oberbegriff für getrocknete Weinbeeren, zu denen Sultaninen und Korinthen zählen. Sultaninen sind größer und heller als Korinthen. Die Korinthen dagegen sind schwarz und schmecken etwas säuerlich. Waschen Sie die Rosinen vor der Verarbeitung.
Zitronat wird aus der Zetrazitrone hergestellt. Die bis zu zwei Kilo schwere Frucht hat eine sehr dicke, grünliche Schale. Ihr säuerlich-bitteres Fruchtfleisch ist ungenießbar. Für Zitronat wird die Schale in eine konzentrierte Zuckerlösung gelegt.
Mohnsamen enthält etwa 47 % Mohnöl. Für Füllungen wird Mohn gemahlen. Da er sein Aroma schnell verliert und leicht ranzig wird, sollten Sie ihn erst kurz vor seiner Verwendung mahlen – entweder in einer Mohnmühle, im Fleischwolf, im Blitzhakker oder in einem Mixer. Die bläulich-weißen Samen werden durch das Mahlen deutlich dunkler.
Trockenfrüchte sind oft geschwefelt. Schwefel verhütet Schimmel und hellt die Früchte auf. Es kann aber bei dafür empfindlichen Personen Kopfschmerzen verursachen. Wer Bedenken hat, kauft die etwas dunkleren, ungeschwefelten Früchte.
Butterschmalz ist durch Ausschmelzen von Butter gewonnenes Fett, das sich sehr gut zum Backen und Braten eignet. Butterschmalz wird die Molke entzogen. Deshalb gibt es dem Stollen seine hohe Fettigkeit, macht ihn haltbar und besonders saftig.

Von oben nach unten: frische Hefe, Zitronat, Orangeat, ungeschwefelte Sultaninen, Korinthen, geschwefelte Sultaninen, getrocknete Feigen, Aprikosen, Pflaumen.

Mandelstollen

- Raffiniert
- Braucht etwas Zeit

Backen Sie als Überraschung ein Marzipanbrot in die Mitte des Stollens mit ein.

Für 1 Stollen:

650 g Mehl	
150 ml Milch	
1 1/2 Würfel Hefe (60 g)	
100 g Zucker	
250 g Butter	
80 g Butterschmalz	
1 TL Salz	
300 g gemahlene Mandeln	
150 g gehackte Mandeln	
50 g Zitronat	
50 g Orangeat	
1/2 TL gemahlene Muskatblüte	
1/2 TL Bittermandelaroma	
1 TL Vanillearoma	
abgeriebene Schale von 1/2 unbehandelten Zitrone	
Zum Dekorieren:	
150 g Butter	
80 g Zucker	
125 g Puderzucker	
Für das Blech:	
Pappe	
Backpapier	

Zubereitungszeit: 50 Min.
Ruhezeit: 1 Std. 20 Min.
Backzeit: 50 Min.

Bei 23 Stück pro Stück ca.:
1900 kJ/450 kcal
6 g EW/32 g F/41 g KH

1 Alle Zutaten, bis auf die Hefe und die Milch, einen Tag zuvor abwiegen und bei Zimmertemperatur stehen lassen. Die Mandeln in 100 ml Wasser einweichen. Das Zitronat, das Orangeat, die Muskatblüte, die Aromen und die Zitronenschale in eine Schüssel geben.

2 Das Mehl in eine große Schüssel sieben. In die Mitte eine Mulde drücken. Die Milch lauwarm erhitzen. Die Hefe mit 100 ml Milch, 1 Prise Zucker und etwas Mehl verrühren, bis sie sich aufgelöst hat, und in die Mulde geben. Den Vorteig zugedeckt an einem warmen Ort etwa 20 Min. ruhen lassen.

3 Die Butter, das Butterschmalz, die restliche Milch, den restlichen Zucker und das Salz in die Schüssel geben. Alles mit den Knethaken des Handrührgeräts verrühren, bis der Teig Blasen wirft und sich vom Schüsselrand löst. Die restlichen Zutaten dazugeben und gut unterarbeiten.

4 Den Teig zugedeckt etwa 1 Std. an einem warmen Ort ruhen lassen. Den Backofen auf 220° vorheizen. Um zu vermeiden, daß der Stollen an der Unterseite zu dunkel wird, auf das Backblech Pappe und darauf Backpapier legen.

5 Den Teig noch einmal durchkneten. Einen Laib von etwa 40 cm Länge daraus formen. Mit dem Teigroller ein wenig flach rollen, in der Mitte etwas tiefer. Eine Längsseite zur Mitte klappen.

6 Den Stollen auf das Backblech setzen. Im Ofen (Mitte, Umluft 200°) etwa 20 Min. backen.

7 Die Temperatur auf 200° (Umluft 180°) reduzieren und den Stollen in etwa 30 Min. fertig backen. Mit der Stäbchenprobe kontrollieren, ob der Teig durchgebacken ist. Bleibt kein Teig mehr am Stäbchen haften, Stollen aus dem Ofen nehmen.

8 Den Stollen auf dem Backblech auskühlen lassen. Die Butter schmelzen und den Stollen damit bestreichen. Den Zucker auf den Stollen streuen und den Puderzucker dick darüber sieben.

Mohnstriezel

- Spezialität
- Braucht etwas Zeit

Für 1 Striezel:

Für die Füllung:
150 g Mohn
60 g Sultaninen
150 g Löffelbiskuits
70 g Zucker
20 g Butterschmalz
2 Eier
20 g Zitronat
abgeriebene Schale von 1/2 unbehandelten Zitrone
Salz
Für den Teig:
250 g Mehl
150 ml Milch
1/2 Würfel Hefe (20 g)
3 EL Zucker
70 g Butterschmalz
Salz
Für die Streusel:
450 g Mehl
225 g Zucker
1 Päckchen Vanillinzucker
Salz
250 g kalte Butter
Für das Backblech:
Backpapier
Für die Arbeitsfläche:
Mehl

Zubereitungszeit: 1 1/4 Std.
Ruhezeit: 35 Min.
Backzeit: 50 Min.

Bei 25 Stück pro Stück ca.:
1300 kJ/310 kcal
4 g EW/15 g F/38 g KH

1 Für die Füllung den Mohn in einer Mohnmühle mahlen oder im Blitzhacker so lange bearbeiten, bis er deutlich dunkler geworden ist.

2 Die Sultaninen mit heißem Wasser waschen und trockentupfen. Die Löffelbiskuits fein reiben. 200 ml Wasser in einem Topf erhitzen. Den Topf von der Herdplatte nehmen und den Mohn, die Biskuitbrösel, den Zucker und das Butterschmalz einrühren. Die Sultaninen, die Eier, das Zitronat, die Zitronenschale und 1 kräftige Prise Salz hinzufügen und ebenfalls verrühren. Die Füllung abkühlen lassen.

3 Für den Teig das Mehl in eine Schüssel sieben. In die Mitte eine Mulde drücken. Die Milch lauwarm erhitzen.

4 Die Hefe in die Mehlmulde bröckeln und mit der Milch, 1 Prise Zucker und etwas Mehl vom Rand verrühren, bis sie sich aufgelöst hat. Die Schüssel mit einem Küchentuch abdecken und den Vorteig an einem warmen Ort etwa 20 Min. ruhen lassen, bis er sichtbar aufgegangen ist.

5 Inzwischen für die Streusel das Mehl, den Zucker, den Vanillinzucker und 1 kräftige Prise Salz auf die Arbeitsfläche häufen. Die Butter kleinschneiden und darauf verteilen. Alles zu einem festen Streuselteig verkneten.

6 Den restlichen Zucker, das Butterschmalz und das Salz in die Schüssel zum Vorteig geben. Alles mit den Knethaken des Handrührgeräts verrühren, bis der Teig Blasen wirft und sich vom Schüsselrand löst. Den Teig zu einem länglichen Laib formen und mit einem Küchentuch zugedeckt etwa 15 Min. an einem warmen Ort ruhen lassen.

7 Den Backofen auf 180° vorheizen. Das Backblech mit Backpapier belegen.

8 Den Teig auf der bemehlten Arbeitsfläche zu einem Quadrat von etwa 35 x 35 cm ausrollen. Mit der Mohnfüllung bestreichen, aufrollen und mit der Nahtstelle nach unten auf das Backblech legen.

9 Die Teigrolle mit einem spitzen Messer der Länge nach etwa 4 cm tief einschneiden. Die Seiten auseinanderziehen.

10 Den Streuselteig mit einem Messer fein hacken und die Streusel auf den Striezel streuen. Den Mohnstriezel im Backofen (Mitte, Umluft 160°) in etwa 50 Min. backen.

TIP!

Den Striezel können Sie, so wie die anderen Stollen, nach dem Backen mit 150 g flüssiger Butter bestreichen, mit 80 g Zucker bestreuen und mit 125 g Puderzucker bestäuben.

Merry Christmas

Früchtebrot

- Braucht etwas Zeit
- Zum Verschenken

Für 2 Kastenformen mit 20 cm Länge:

250 g getrocknete Feigen
200 g getrocknete Aprikosen
200 g getrocknete Pflaumen
250 g Vollkornroggenschrot
250 g Vollkornweizenmehl
1 TL Salz
50 g Sauerteig (Pulver)
1/2 Würfel Hefe (20 g)
100 g Haselnußkerne
100 g geschälte Mandeln
150 g Sultaninen
100 g Korinthen
50 g Zitronat
50 g Orangeat
150 g brauner Zucker
1/2 TL Nelkenpulver
1 TL Zimtpulver
1 TL Anispulver
1/2 TL gemahlene Muskatblüte
Für die Backform:
Backpapier

Einweichzeit: 12 Std.
Zubereitungszeit: 1 Std.
Backzeit: 70 Min.

Bei 24 Stück pro Stück ca.:
1040 kJ/250 kcal
5 g EW/6 g F/46 g KH

1 Die Trockenfrüchte heiß waschen, in 1 l Wasser über Nacht einweichen. Dann Früchte abgießen, dabei die Einweichflüssigkeit auffangen.

2 Für den Teig den Vollkornroggenschrot, das Vollkornweizenmehl, das Salz und das Sauerteigpulver in eine Schüssel geben. In die Mitte eine Mulde drücken. 450 ml Einweichflüssigkeit lauwarm erhitzen. Die Hefe in die Mulde bröckeln und alles mit der Einweichflüssigkeit zu einem festen Teig verkneten. Den Teig zugedeckt 30 Min. ruhen lassen, bis er sichtbar aufgegangen ist.

3 Die Backformen mit Backpapier auslegen. Die Früchte und die restlichen Zutaten unter den Teig kneten.

4 Ofen auf 250°C vorheizen. Da der Teig sehr weich ist, mit reichlich Mehl bestäuben, zu länglichen Laiben formen und in die Backform geben. Nochmals zugedeckt 20 Min. ruhen lassen.

5 Das Früchtebrot mit einem Messer der Länge nach einschneiden. In den Ofen (Mitte, Umluft 220°) geben. Nach 10 Min. die Temperatur auf 180°C (Umluft 160°) herunterdrehen und 60 Min. weiterbacken. Das Früchtebrot etwa 1–2 Tage in einer Dose oder Alufolie im Kühlschrank durchziehen lassen, bevor Sie es aufschneiden.

Quarkstollen

- Zum Nachmittagskaffee
- Preiswert

Für 1 Stollen:

Für den Teig:
60 g Sultaninen
180 g Mehl
1 Päckchen Backpulver
100 g Speisequark (20 %)
50 g Butterschmalz
70 g Zucker
1 Päckchen Vanillinzucker
1 Ei
2 EL Milch
2 EL gemahlene Mandeln
Salz
5 Tropfen Bittermandelaroma
Zum Dekorieren:
50 g Butter
50 g Zucker
50 g Puderzucker
Für das Blech:
Butterschmalz

Zubereitungszeit: 40 Min.
Backzeit: 20 Min.

Bei 12 Stück pro Stück ca.:
960 kJ/230 kcal
10 g EW/3 g F/32 g KH

1 Die Sultaninen mit heißem Wasser waschen und mit Küchenpapier trockentupfen. Das Backblech einfetten und den Backofen auf 200° vorheizen.

2 Das Mehl und das Backpulver in eine Schüssel sieben. Den Quark, das Butterschmalz, den Zucker, den Vanillinzucker, das Ei, die Milch, die Mandeln, eine kräftige Prise Salz und das Bittermandelaroma einrühren. Zum Schluß die Sultaninen unterarbeiten.

3 Den Teig zu einem länglichen Laib formen und auf das Blech legen. Mit einem spitzen Messer der Länge nach 1–2 cm tief einschneiden.

4 Den Quarkstollen im Backofen (Mitte, Umluft 180°) in etwa 20 Min. backen, bis er goldgelb ist. Den Stollen auf dem Backblech auskühlen lassen. Die Butter schmelzen und den Stollen damit bestreichen. Den Zucker darüber streuen und den Puderzucker darüber sieben.

Dresdner Christstollen

- Spezialität
- Braucht etwas Zeit

Für 1 Stollen:

Für den Teig:
500 g Sultaninen
50 ml Rum
540 g Mehl
100 ml Milch
2 Würfel Hefe (84 g)
90 g Zucker
250 g Butter
85 g Butterschmalz
30 g Marzipanrohmasse
1 TL Salz
50 g Zitronat
50 g Orangeat
120 g gehackte Mandeln
1/2 TL gemahlene Muskatblüte
abgeriebene Schale von 1/2 unbehandelten Zitrone
1/2 TL Bittermandelaroma
1 TL Vanillearoma
Zum Dekorieren:
150 g Butter
80 g Zucker
125 g Puderzucker
Für das Backblech:
Pappe
Backpapier

Zubereitungszeit: 50 Min.
Einweichzeit: 12 Std.
Ruhezeit: 1 Std. 20 Min.
Backzeit: 50 Min.

Bei 23 Stück pro Stück ca.:
1700 kJ/400 kcal
4 g EW/25 g F/50 g KH

1 Die Sultaninen mit heißem Wasser waschen und in einem Sieb abtropfen lassen. In eine Schüssel geben, mit dem Rum begießen und über Nacht einweichen.

2 Alle Zutaten, bis auf die Milch, einige Stunden vorher abwiegen und bei Zimmertemperatur stehen lassen.

3 Das Mehl in eine große Schüssel sieben. In die Mitte eine Mulde drücken. Die Milch lauwarm erhitzen. Die Hefe in die Mulde bröckeln und mit der Milch, 1 Prise Zucker und etwas Mehl vom Rand verrühren, bis sie sich aufgelöst hat. Den Vorteig zugedeckt an einem warmen Ort etwa 20 Min. ruhen lassen, bis er sichtbar aufgegangen ist.

4 Die Butter, das Butterschmalz und die Marzipanrohmasse mit dem restlichen Zucker und dem Salz in die Schüssel geben. Alles mit dem Knethaken des Handrührgeräts verrühren, bis der Teig Blasen wirft und sich vom Schüsselrand löst.

5 Die Sultaninen mit der Einweichflüssigkeit, dem Zitronat, dem Orangeat, den Mandeln, der Muskatblüte, der Zitronenschale und den Aromen in den Teig einarbeiten. Den Teig zugedeckt etwa 1 Std. an einem warmen Ort ruhen lassen.

6 Den Backofen auf 220° vorheizen. Um zu vermeiden, daß der Stollen an der Unterseite zu dunkel wird, auf das Backblech Pappe und darauf Backpapier legen.

7 Den Teig noch einmal durchkneten. Einen Laib von etwa 40 cm Länge daraus formen. Mit dem Teigroller ein wenig flach rollen, in der Mitte etwas tiefer. Die eine Längsseite zur Mitte klappen.

8 Den Stollen auf das Backblech setzen und im Ofen (unten, Umluft 200°) etwa 25 Min. backen.

9 Die Temperatur auf 200° (Umluft 180°) reduzieren und den Stollen weitere 25 Min. backen. Mit der Stäbchenprobe kontrollieren, ob der Teig durchgebacken ist.

10 Den Stollen auf dem Backblech auskühlen lassen. Die Butter bei milder Hitze schmelzen und den Stollen damit bestreichen. Den Zucker auf den Stollen streuen und den Puderzucker dick darüber sieben.

TIPS!

- Mindestens 1 Woche sollten Sie nach dem Backen mit dem Anschneiden des Stollens warten, denn erst dann hat sich das Aroma der Zutaten voll entfaltet.
- Sie können aus dem Teig auch zwei Stollen formen und backen, nur werden die dann nicht ganz so saftig wie ein großer.
- Lagern Sie den Stollen in einer gut schließenden Blechdose, darin bleibt er am längsten frisch.
- Wenn Ihnen das Einschlagen des Teiges zu kompliziert ist, können Sie statt dessen den Stollen der Länge nach einfach 2–3 cm tief einschneiden.

Nußrolle

- Gelingt leicht
- Zum Nachmittags kaffee

Für 1 Kastenform von 25 cm Länge:

Für den Teig:
230 g Mehl
150 ml Milch
1/2 Würfel Hefe (20 g)
45 g Zucker
65 g Butterschmalz
1/2 TL Salz
Für die Füllung:
50 g Sultaninen
50 g Butterschmalz
50 g Marzipanrohmasse
100 g gemahlene Haselnüsse
50 g Paniermehl
3 EL Mehl
1 Ei
2 EL Grieß
150 g Zucker
2 EL Zitronat
Zum Dekorieren:
50 g Butter
80 g Zucker
50 g Puderzucker
Für die Form:
Butterschmalz
Für die Arbeitsfläche:
Mehl

Zubereitungszeit: 45 Min.
Ruhezeit: 40 Min.
Backzeit: 50 Min.

Bei 15 Stück pro Stück ca.:
1400 kJ/330 kcal
4 g EW/18 g F/41 g KH

1 Das Mehl in eine große Schüssel sieben. In die Mitte eine Mulde drücken. Die Milch lauwarm erhitzen. Die Hefe in die Mulde bröckeln und mit der Milch, 1 Prise Zucker und etwas Mehl vom Rand verrühren, bis sie sich aufgelöst hat. Den Vorteig zugedeckt an einem warmen Ort etwa 20 Min. ruhen lassen, bis er sichtbar aufgegangen ist.

2 Den restlichen Zucker, das Butterschmalz und das Salz zum Vorteig geben. Alles mit den Knethaken des Handrührgeräts verrühren, bis der Teig Blasen wirft und sich vom Schüsselrand löst. Zugedeckt etwa 20 Min. an einem warmen Ort ruhen lassen.

3 Für die Füllung die Sultaninen mit heißem Wasser waschen und mit Küchenpapier trockentupfen. Das Butterschmalz schmelzen.

4 In einer Schüssel die Marzipanrohmasse, die gemahlenen Haselnüsse, das Paniermehl, das Mehl, das Ei, den Grieß, den Zucker und das Zitronat sorgfältig mit einer halben Tasse Wasser verrühren. Das Butterschmalz einarbeiten.

5 Die Kastenform fetten. Den Backofen auf 180° vorheizen.

6 Den Hefeteig auf der bemehlten Arbeitsfläche zu einem Quadrat von etwa 25 x 25 cm ausrollen. Mit der Nußfüllung bestreichen. Die Sultaninen darüber streuen.

7 Die Teigplatte von der rechten und der linken Seite gleichmäßig zur Mitte hin aufrollen. Die Rolle in die Form legen.

8 Im Backofen (Mitte, Umluft 160°) in etwa 50 Min. backen. Die Nußrolle in der Form auskühlen lassen.

9 Abgekühlte Nußrolle auf eine Platte stürzen. Die Butter bei milder Hitze schmelzen und die Nußrolle damit bestreichen. Mit dem Zucker bestreuen, den Puderzucker darüber sieben.

VARIANTE

Mit der Mohnfüllung der Mohnstriezel-Rezeptur von S. 28 können Sie aus der Nuß- eine Mohnrolle backen.

TIPS!

• Überziehen Sie die Nußrolle mit einem Schokoladenguß. Rollen Sie Marzipanrohmasse zwischen Klarsichtfolie etwa 5 mm dick aus, stechen Sie Sterne oder andere Formen aus der Masse aus und kleben Sie die Marzipanfiguren mit etwas geschmolzener Schokolade auf den Guß.
• Sehr gut schmeckt diese Rolle auch, wenn Sie statt der Haselnüsse gemahlene Mandeln in die Füllung geben.

Honig-kuchen & Co.

Honigkuchen gehört zu den ältesten Backwerken überhaupt. Schon die alten Ägypter, Griechen und Römer kannten ihn, war doch in früheren Zeiten Honig das einzige Süßungsmittel. Der Teig wurde schon damals mit Figuren und Ornamenten geschmückt. Oft galten diese Backwerke als Opfergabe.

Als in Deutschland die ersten größeren Städte gegründet wurden, entstanden die ersten »Lebkuchenzeltereien«. Auf den großen Märkten gab es auch die fremden Gewürze, die zu dieser Zeit noch allesamt als Pfeffer bezeichnet wurden. Lebkuchen waren da zu finden, wo sich die wichtigsten Handelsstraßen kreuzten, die ersten 1293 in Schweidnitz (Schlesien), 1350 in Nürnberg und Ulm. Im Laufe der Zeit entwickelten sich die verschiedensten Spezialitäten. Mit dem noch heute bekannten Zuckerguß wurden die Lebkuchen mit Ornamenten, Blüten und Versen geschmückt. Mit Motiven aus dem täglichen Leben, Märchen- und Fabelgestalten und Szenen aus der Bibel gab es eine Vielfalt, wie sie heute nicht mehr zu sehen ist. Es war üblich, den Teig mit Holz- oder Tonmodel zu formen. Erst zu Anfang dieses Jahrhunderts wurden die Figuren ausgestochen.

Lebkuchenstände schmücken auch heute noch jeden Weihnachtsmarkt.

Honig- oder Lebkuchen?

Honigkuchen muß im Gegensatz zu Lebkuchen mindestens die Hälfte der Süßungsmenge aus Bienenhonig enthalten. Damit die Aromen richtig durchziehen und sich für die Lockerung wichtige Säuren entwickeln können, sollen Honigkuchenteige mindestens zwei Tage vor dem Backen ruhen.

Lebkuchengewürz selbermachen

Gewürzmischungen für Lebkuchen können Sie fertig kaufen, aber vielleicht stellen Sie sich Ihre Mischung einmal selbst zusammen. Für etwa 5 Eßlöffel von je ca. 15 g benötigen Sie:
12 g Zimtpulver,
5 g Nelkenpulver,
15 g Anispulver,
5 g Ingwerpulver,
3 g gemahlene Muskatblüte,
15 g Fenchelpulver,
15 g gemahlener Koriander.
Alles sorgfätig miteinander mischen und die im Rezept angegebene Menge zum Teig geben. Sie können die Gewürze auch nach Ihrem Geschmack verändern.
Schon mal probiert: Schokoladenmousse oder Eisparfait mit Lebkuchengewürz? Schmeckt einfach köstlich.

Das lockert den Teig auf

Pottasche, auch Kaliumkarbonat genannt, treibt den Teig beim Backen in die Breite und lockert ihn dadurch auf. Verbleibende Pottasche hinterläßt im Lebkuchenteig einen laugigen Geschmack, der als typisch gilt und nicht störend empfunden wird.
Hirschhornsalz. Auch als Ammonium bekanntes Treibmittel, das Gebäck lockert und aufgehen läßt. Früher wurde es durch Destillation aus Hörnern gewonnen. Gebäck mit Hirschhornsalz muß gut ausgebacken werden, sonst bleiben kleine Mengen im Gebäck zurück.
Natron entwickelt unter Hitze und Säureeinwirkung Kohlendioxyd und treibt deshalb den Teig in die Höhe. Es bleibt lediglich ein laugiger Geschmack zurück, der aber durch den starken Geschmack der Gewürze überlagert wird. Halten Sie sich bei der Dosierung genau an die Rezeptanweisung und fügen Sie Natron erst kurz vor der Teigverarbeitung hinzu.

Alles, was süß macht

Bienenhonig. Zum Backen muß es nicht unbedingt kaltgeschleuderter Honig sein. Sie können ruhig ein preiswerteres Glas kaufen,

da beim Erhitzen einige der empfindlichen Inhaltsstoffe verlorengehen. Verflüssigen Sie den Honig für den Teig dennoch so schonend wie möglich.
Brauner Zucker. Der sogenannte Kandisfarin, ist

ein gelblichbraunes Rohrzuckervorprodukt. Er enthält noch organische und mineralische Stoffe, die ihm einen etwas würzigen Geschmack verleihen.
Rübensirup. Der stark eingekochte und dabei karamelisierte Saft von

Zuckerrüben eignet sich wegen seiner dunklen Farbe und seines aromatischen Geschmackes so gut für die Herstellung von Lebkuchenteigen.

Honigkuchenherzen

- Zum Verschenken
- Gelingt leicht

Für etwa 50 Stück:

50 g Butterschmalz
300 g Honig
300 g Mehl
2 Eier • Salz
150 g gemahlene Mandeln
50 g Zitronat
50 g Orangeat
15 g Lebkuchengewürz (siehe Seite 37)
1/2 TL Pottasche
1/2 TL Hirschhornsalz
Zum Dekorieren:
1 Eigelb
100 g kandierte Kirschen
150 g geschälte Mandeln
Für das Backblech:
Butterschmalz
Für die Arbeitsfläche:
Mehl

Zubereitungszeit: 40 Min.
Ruhezeit: mindestens 48 Std.
Backzeit: 10–15 Min.

Bei 50 Stück pro Stück ca.:
420 kJ/100 kcal
2 g EW/6 g F/12 g KH

1 Das Butterschmalz erhitzen. Den Honig darin verflüssigen. Etwas abkühlen lassen und in einer Schüssel mit dem Mehl, den Eiern, 1 Prise Salz, den gemahlenen Mandeln, dem Zitronat, dem Orangeat und dem Lebkuchengewürz zu einem festen Teig verarbeiten. Den Teig zugedeckt bei Zimmertemperatur mindestens 2 Tage ruhen lassen.

2 Das Backblech fetten. Ofen auf 200° vorheizen. Die Pottasche und das Hirschhornsalz jeweils mit 1 EL Wasser verrühren und gründlich in den Teig einarbeiten. Den Teig auf der bemehlten Arbeitsfläche etwa 7 mm dick ausrollen. Herzen ausstechen und auf das Backblech setzen.

3 Das Eigelb mit 1/2 Tasse Wasser verrühren und die Herzen damit bestreichen. Jedes Herz mit Kirschen und Mandeln dekorieren. Die Herzen im Backofen (Mitte, Umluft 180°) 10–15 Min. backen, bis sie leicht gebräunt sind.

VARIANTE

Aus dem Teig können Sie auch große Herzen, Glocken, Lebkuchenmenschen und andere Figuren anfertigen. Schneiden Sie sich aus Pappe die entsprechende Schablone. Legen Sie sie auf die Teigplatte und schneiden Sie mit einem scharfen Messer am Papprand entlang. Aus 2 Eiweißen, 200 g gesiebtem Puderzucker und 1 TL Zitronensaft einen Guß rühren. Nach Belieben mit Lebensmittelfarbe einfärben. Die Figuren mit dem Guß, Nüssen und kandierten Früchten dekorieren.

Pflastersteine

- Gelingt leicht
- Preiswert

Für etwa 70 Stück:

Für den Teig:
50 g Butterschmalz
100 g Zucker
350 g Honig
400 g Mehl
100 g gemahlene Mandeln
1 TL Zimtpulver
1/2 TL gemahlene Muskatblüte
1/2 TL gemahlener Kardamom
Salz
1 TL abgeriebene Schale einer unbehandelten Zitrone
3 EL Rum
1 TL Hirschhornsalz
Für die Glasur:
350 g Zucker
Für das Backblech:
Backpapier

Zubereitungszeit: 40 Min.
Ruhezeit: mindestens 48 Std.
Backzeit: 10–15 Min.

Bei 70 Stück pro Stück ca.:
311 kJ/74 kcal
1 g EW/2 g F/14 g KH

1 Das Butterschmalz in einem Topf erhitzen. Den Zucker mit dem Honig darin verflüssigen. Etwas abkühlen lassen und in einer Schüssel mit dem Mehl, den Mandeln, dem Zimtpulver, der Muskatblüte, dem Kardamom, einer Prise Salz, der Zitronenschale und dem Rum zu einem festen Teig verarbeiten. Den Teig zugedeckt bei Zimmertemperatur mindestens 2 Tage ruhen lassen.

2 Das Backblech mit Backpapier belegen. Den Backofen auf 180° vorheizen. Das Hirschhornsalz mit 1 EL Wasser verrühren und gründlich in den Teig einarbeiten. Den Teig zu einer Rolle von etwa 3 cm ø formen und in etwa 1 cm dicke Scheiben schneiden. Auf das Blech setzen und im Ofen (Mitte, Umluft 160°) in 10–15 Min. backen.

3 Für die Glasur den Zucker in 1/8 l kochendem Wasser auflösen. Die Pflastersteine aus dem Ofen nehmen und noch heiß mit der Zuckerlösung bestreichen.

Im Bild oben: Honigkuchenherzen
Im Bild unten: Pflastersteine

Dominosteine

- Spezialität
- Braucht etwas Zeit

Honigkuchengebäck lagern Sie am besten in Blechdosen oder Kunststoffbehältern, die gut schließen, aber nicht absolut luftdicht sind.

Für etwa 60 Stück:

Für den Teig:
25 g Butterschmalz
125 g Zucker
125 g Honig
200 g Mehl
150 g Roggenmehl
Salz
15 g Lebkuchengewürz (siehe Seite 37)
50 g gemahlene Mandeln
50 g Zitronat
1/2 TL Hirschhornsalz
Für die Füllung:
3 Blatt Gelatine
300 g Kirschkonfitüre
100 g Puderzucker
200 g Marzipanrohmasse
Für die Glasur:
300 g Schokoladenkuvertüre, halbbitter
Für das Backblech:
Butterschmalz
Für die Arbeitsfläche:
Mehl

Zubereitungszeit: 1 1/4 Std.
Ruhezeit: mindestens 48 Std.
Backzeit: 10–15 Min.

Bei 60 Stück pro Stück ca.:
440 kJ/100 kcal
1 g EW/4 g F/18 g KH

1 Das Butterschmalz in einem Topf erhitzen. Den Zucker und den Honig darin verflüssigen. Die Mischung etwas abkühlen lassen.

2 Die Honigmischung in einer Schüssel mit den beiden Mehlsorten, einer kräftigen Prise Salz, dem Lebkuchengewürz, den Mandeln, dem Zitronat und 5 EL Wasser zu einem festen Teig verarbeiten. Den Teig zugedeckt bei Zimmertemperatur mindestens 2 Tage ruhen lassen.

3 Das Backblech fetten und den Backofen auf 200° vorheizen. Das Hirschhornsalz mit 1 EL Wasser verrühren und gründlich in den Teig einarbeiten.

4 Den Teig zu einer etwa 1 cm dicken Platte ausrollen, auf das Backblech legen und mit einer Gabel mehrmals einstechen. Im Ofen (Mitte, Umluft 180°) in 10–15 Min. backen, bis die Oberfläche gebräunt ist.

5 Für die Füllung die Gelatine in kaltem Wasser einweichen. Die Konfitüre bei schwacher Hitze unter gelegentlichem Rühren aufkochen lassen. Den Topf von der Herdplatte nehmen. Die Gelatine abtropfen lassen, ausdrücken und in die heiße Konfitüre rühren.

6 Alufolie um die Lebkuchenplatte zu einem Rahmen falten, der etwa 1 cm höher als der Kuchen ist. Die Konfitüre gleichmäßig auf dem Kuchen verteilen und im Kühlschrank fest werden lassen.

7 Den Puderzucker durch ein Sieb streichen und mit der Marzipanmasse verkneten. Die Marzipanmasse zwischen zwei Klarsichtfolien auf die Größe der Lebkuchenplatte ausrollen. Marzipan auf die Konfitürenschicht legen.

8 Von der Lebkuchenplatte die Alufolie entfernen. Den Kuchen in etwa 3 x 3 cm große Würfel schneiden. Die Kuvertüre im Wasserbad schmelzen und die Würfel damit überziehen.

Hexenhäuschen

- Zum Verschenken
- Braucht etwas Zeit

Für 1 Häuschen:

Für den Teig:	
50 g	Butterschmalz
300 g	Honig
300 g	Rübensirup
300 g	Roggenmehl
400 g	Mehl
30 g	Lebkuchengewürz
	Salz
1 TL	Pottasche
2 TL	Hirschhornsalz
Zum Dekorieren:	
3	Eiweiß
100 g	Zucker
2 EL	Zitronensaft
250 g	Puderzucker
80 g	Schokoladenkuvertüre, halbbitter
	Bonbons, Plätzchen, Mandeln und Nüsse nach Belieben
Für die Schablone:	
	Pappe
Für das Backblech:	
	Butterschmalz
Für die Arbeitsfläche:	
	Mehl

Zubereitungszeit: 2 Std.
Ruhezeit: mindestens 48 Std.
Backzeit: 10–15 Min.

Pro Häuschen ca.:
27000 kJ/6400 kcal
64 g EW/81 g F/1400 g KH

1 Das Butterschmalz in einem Topf erhitzen. Den Honig und den Rübensirup darin verflüssigen. 1/8 l Wasser einrühren, die Mischung etwas abkühlen lassen und in einer Schüssel mit den beiden Mehlsorten, dem Lebkuchengewürz und einer kräftigen Prise Salz zu einem festen Teig verarbeiten. Den Teig zugedeckt bei Zimmertemperatur mindestens 2 Tage ruhen lassen.

2 In der Zwischenzeit aus Pappe eine Schablone anfertigen. Für das Dach ein Rechteck von etwa 19 x 15 cm, für die Vorder- und die Rückseite ein gleichschenkliges Dreieck mit einer Seitenlänge von etwa 19 cm schneiden. Für die Bodenplatte können Sie einen Teller mit etwa 25 cm ø als Schablone verwenden.

3 Das Backblech fetten und den Backofen auf 200° vorheizen. Die Pottasche und das Hirschhornsalz jeweils mit 1 EL Wasser verrühren und gründlich in den Teig einarbeiten. Auf der bemehlten Arbeitsfläche ein Drittel des Teiges etwa 8 mm dick ausrollen. Den Kreis für die Bodenplatte ausschneiden. Den restlichen Teig ebenfalls etwa 8 mm dick ausrollen.

4 Beide Teigstücke nacheinander auf das Blech geben. Mit einer Gabel mehrmals einstechen. Den Teig im Backofen (Mitte, Umluft 180°) in 10–15 Min. backen. Sofort mit kaltem Wasser bepinseln, damit der Lebkuchen glänzt.

5 Mit Hilfe der Schablone aus dem Kuchen jeweils zwei Dach- und zwei Seitenteile mit einem scharfen Messer ausschneiden. In die Vorderfront 2 Fenster und 1 Türaussparung schneiden. Aus den Kuchenresten eine Tür und 4 Fensterläden sowie einen Schornstein und eventuell ein paar Bäumchen und einen Zaun ausschneiden.

6 Die Eiweiße steif schlagen, dabei den Zucker einrieseln lassen. Den Zitronensaft dazugeben und 200 g Puderzucker einrühren. Die Masse in einen Spritzbeutel mit einer Lochtülle von etwa 7 mm ø geben. Den Eischnee auf die Kanten der Hausteile spritzen und das Häuschen damit zusammenkleben. Etwa 20 Min. trocknen lassen. Dann die Fensterläden, Tür, Zaun und Bäumchen ankleben und trocknen lassen.

7 Mit dem restlichen Eischnee die Giebelspitze dekorieren und die Dachkanten mit »Eiszapfen« versehen.

8 Eine Metallschüssel in einen Topf mit wenig heißem, aber nicht kochendem Wasser stellen. Die Kuvertüre in die Schüssel bröckeln und im Wasserbad schmelzen. Mit der flüssigen Kuvertüre nach Belieben Bonbons, Plätzchen, Mandeln und Nüsse am Dach und an den Wänden ankleben.

9 Zum Schluß das Hexenhäuschen mit dem restlichen Puderzucker bestäuben.

St. Gallener Biberle

- Spezialität
- Raffiniert

Für etwa 40 Stück:

Für den Teig:
250 g Honig
50 g Zucker
150 g Mehl
100 g Roggenmehl
Salz
1 TL Zimtpulver
1 TL gemahlener Koriander
1/2 TL frisch geriebene Muskatnuß
3/4 TL gemahlener Sternanis
1/4 TL Ingwerpulver
1 TL Natron
Für die Füllung:
400 g Marzipanrohmasse
100 g Puderzucker
1/2 TL Zitronensaft
1 TL abgeriebene Schale einer unbehandelten Zitrone
Für die Glasur:
1 EL Speisestärke (z. B. Mondamin)
Für das Backblech:
Backpapier
Für die Arbeitsfläche:
Mehl

Zubereitungszeit: 40 Min.
Ruhezeit: mindestens 48 Stunden
Backzeit: 15 Min.

Bei 40 Stück pro Stück ca.:
430 kJ/100 kcal
1 g EW/3 g F/19 g KH

1 Den Honig und den Zucker erhitzen und etwas abkühlen lassen. Mit den beiden Mehlsorten, einer Prise Salz, dem Zimt, dem Koriander, dem Muskat, dem Sternanis und dem Ingwer verkneten. Zuletzt das Natron einarbeiten. Den Teig zugedeckt bei Zimmertemperatur mindestens 2 Tage ruhen lassen.

2 Die Marzipanrohmasse mit dem Puderzucker, dem Zitronensaft und der -schale verkneten. Das Backblech mit Backpapier belegen und den Backofen auf 180° vorheizen.

3 Den Teig auf der bemehlten Arbeitsfläche in zwei etwa 45 x 10 cm lange Streifen ausrollen. Die Marzipanmasse in zwei Rollen in Länge der Teigstreifen formen. Die Marzipanrollen jeweils mit einem Teigstreifen umhüllen. Die Teigrollen trapezförmig in gleich große Stücke schneiden.

4 Die Biberle auf das Backblech setzen und im Ofen (Mitte, Umluft 160°) in 15 Min. backen. Die Speisestärke in einer trokkenen Pfanne goldgelb rösten, mit 200 ml heißem Wasser ablöschen und aufkochen lassen. Die Biberle noch heiß mit der Glasur bestreichen und auf einem Kuchengitter auskühlen lassen.

Liegnitzer Bömbchen

- Spezialität
- Zum Verschenken

Für etwa 70 Stück:

Für den Teig:
250 g Honig
125 g Zucker
350 g Mehl
150 g gemahlene Mandeln
60 g Zitronat
15 g Lebkuchengewürz
Salz
2 TL Natron
Für die Füllung:
200 g Marzipanrohmasse
250 g Johannisbeerkonfitüre
100 g gehackte Mandeln
50 g Zitronat
100 g Korinthen
Zum Garnieren:
300 g Schokoladenkuvertüre, halbbitter
Pistazien, Nüsse oder kandierte Früchte
Außerdem:
Backpapier • Mehl
70 Oblaten von 50 mm Ø

Zubereitungszeit: 1 Std.
Ruhezeit: mindestens 48 Stunden
Backzeit: 15–20 Min.

Bei 70 Stück pro Stück ca.:
460 kJ/110 kcal
2 g EW/5 g F/17 g KH

1 Honig und Zucker erhitzen und etwas abkühlen lassen. Mit dem Mehl, den Mandeln, dem Zitronat, dem Lebkuchengewürz und einer Prise Salz verkneten. Zuletzt das Natron einarbeiten. Den Teig zugedeckt bei Zimmertemperatur mindestens 2 Tage ruhen lassen.

2 Die Marzipanrohmasse mit der Konfitüre verkneten. Die Mandeln und das Zitronat dazugeben. Das Backblech mit dem Backpapier belegen. Den Backofen auf 190° vorheizen. Den Teig auf der bemehlten Arbeitsfläche etwa 5 mm dick ausrollen und in etwa 15 cm breite Streifen schneiden. Mit der Marzipanfüllung bestreichen.

3 Die Korinthen waschen, trockentupfen und auf die Füllung streuen. Die Teigstreifen fest aufrollen. Auf die Nahtstellen legen und in etwa 1 1/2 cm dicke Scheiben schneiden. Die Oblaten auf dem Backblech verteilen und die Scheiben darauf setzen. Im Backofen (Mitte, Umluft 170°) in 15–20 Min. backen.

4 Die Bömbchen erkalten lassen. Die Kuvertüre im warmen Wasserbad schmelzen. Die Bömbchen mit der Kuvertüre überziehen. Nach Belieben mit Pistazien, Nüssen oder kandierten Früchten garnieren und auf einem Kuchengitter trocknen lassen.

Elisenlebkuchen

- Gelingt leicht
- Zum Verschenken

Für etwa 80 Stück:

Für den Teig:
6 Eiweiß
250 g Zucker
200 g Marzipanrohmasse
35 g Orangeat
20 g Zitronat
200 g gemahlene Mandeln
60 g Mehl
1 TL Kakaopulver
Salz
15 g Lebkuchengewürz
80 Oblaten von 50 mm Ø
Für das Backblech:
Backpapier

Zubereitungszeit: 1 1/4 Std.
Backzeit: 10–15 Min.

Bei 80 Stück pro Stück ca.:
150 kJ/40 kcal
1 g EW/1 g F/6 g KH

1 Die Eiweiße, den Zucker und die Marzipanrohmasse in einem Topf unter ständigem Rühren erwärmen. Den Topf von der Herdplatte nehmen und etwas abkühlen lassen.

2 Das Orangeat und das Zitronat sehr fein hacken. Die Mandeln in einer trockenen Pfanne hellbraun rösten. Das Mehl und das Kakaopulver in eine Schüssel sieben. Die Eiweißmasse, das Orangeat, das Zitronat, die Mandeln, eine kräftige Prise Salz und das Lebkuchengewürz einrühren.

3 Den Backofen auf 170° vorheizen. Das Backblech mit dem Backpapier belegen.

4 Den Teig mit einem Messer auf die Oblaten streichen, dabei einen Rand lassen, weil die Masse beim Backen etwas auseinanderläuft. Die Oblaten auf das Blech setzen. Im Ofen (Mitte, Umluft 150°) in 10–15 Min. backen. Die Lebkuchen aus dem Ofen nehmen und erkalten lassen.

TIP!

Elisenlebkuchen schmekken auch mit Schokoladenglasur köstlich: Eine Metallschüssel in einen Topf mit wenig heißem, aber nicht kochendem Wasser stellen. 200 g Kuvertüre in die Schüssel bröckeln und im Wasserbad schmelzen. Die Lebkuchen mit der flüssigen Kuvertüre überziehen.

Aachener Printen

- Spezialität
- Raffiniert

Für etwa 30 Stück:

250 g Honig
2 EL Zucker
250 g Mehl
Salz
1/2 TL Zimtpulver
1 TL Anispulver
1/2 TL Nelkenpulver
1/4 TL frisch geriebene Muskatnuß
50 g feingehacktes Orangeat
1 TL Pottasche
50 g gestoßener, dunkler Kandiszucker
Für die Glasur:
300 g Schokoladenkuvertüre, halbbitter
Für das Backblech:
Backpapier
Für die Arbeitsfläche:
Mehl

Zubereitungszeit: 1 Std.
Ruhezeit: mindestens 48 Stunden
Backzeit: 10–15 Min.

Bei 30 Stück pro Stück ca.:
510 kJ/120 kcal
1 g EW/4 g F/22 g KH

1 Den Honig und den Zucker in einem Topf bei schwacher Hitze verflüssigen und etwas abkühlen lassen.

2 Das Mehl mit der Honigmasse, einer Prise Salz, dem Zimt, dem Anis und dem Nelkenpulver, dem Muskat und dem Orangeat zu einem festen Teig verarbeiten. Den Teig zugedeckt bei Zimmertemperatur mindestens 2 Tage ruhen lassen.

3 Den Backofen auf 200° vorheizen. Das Backblech mit Backpapier belegen. Die Pottasche mit 1 EL Wasser verrühren und gründlich in den Teig einarbeiten.

4 Den Teig auf der bemehlten Arbeitsfläche zu einer Platte von etwa 30 x 30 cm ausrollen und mit dem Kandiszucker bestreuen. Den Teig in etwa 10 x 3 cm große Rechtecke schneiden und auf das Backblech legen.

5 Die Printen im Ofen (Mitte, Umluft 180°) in 10–15 Min. backen. Herausnehmen und abkühlen lassen. Die Kuvertüre im Wasserbad schmelzen und die Printen damit überziehen.

Im Bild oben links:
Elisenlebkuchen
Im Bild Mitte:
Aachener Printen
Im Bild unten rechts:
Elisenlebkuchen mit Schokoladenglasur

Festtags-kuchen

Gehören sie nicht einfach mit zu jedem Fest, die leckeren Torten und Kuchen, die jede Kaffeetafel bereichern und abrunden? Wenn Sie ihren Gästen neben Stollen, Honigkuchen und Plätzchen einmal etwas anderes bieten wollen, finden Sie in diesem Kapitel Internationales, Traditionelles und Neues, das sich auszuprobieren lohnt.

Nützliche Helfer

Kuchengitter. Vor dem Verzieren müssen Kuchen und Torten gut ausgekühlt sein. Auf einem Kuchengitter geht das am besten, weil die Hitze auch nach unten entweichen kann.

Palette. Cremes und Glasuren lassen sich mit einer Palette besonders gleichmäßig auftragen.

Tortenring. Damit Cremes auf dem Tortenboden fest werden können, braucht man einen Tortenring. Wenn Sie den Tortenring vor dem Einfüllen der Creme dünn einölen, sparen Sie sich das Herausschneiden der Torte. Sie brauchen den Ring nur noch hochzuziehen.

Wasserbadform. Schokolade, Eiercremes und Gelatine vertragen keine hohen Temperaturen. Deshalb erhitzt man sie am schonendsten in einer Metallschüssel, die man in einen Topf mit leise siedendem Wasser stellt.

Im Bild hinten: Topf mit passender Schüssel fürs Wasserbad. Im Bild vorne: Kuchengitter, Tortenring, Palette

Biskuit

Ob Biskuitteig fertig gebacken ist, können Sie mit der Fingerprobe feststellen: Drücken Sie mit dem Finger leicht auf den Teig. Bleibt keine Vertiefung zurück, ist er durchgebacken. Bevor Biskuit gefüllt wird, sollte er ganz ausgekühlt sein. Am schnellsten geht das, wenn Sie ihn nach dem Backen auf ein feuchtes Küchentuch stürzen und ein zweites, feuchtes Tuch darüberlegen.

Blätterteig

Blätterteig können Sie selber machen, das braucht jedoch viel Zeit. Einfacher ist es, ihn tiefgefroren zu kaufen. Zum Auftauen die Platten nebeneinander legen und bei Zimmertemperatur ruhen lassen. Rollen Sie Blätterteig immer in zwei Richtungen aus, also längs und quer, sonst geht er nicht richtig auf.
Zum Backen legen Sie den Teig auf ein kalt abgespültes, nicht abgetrocknetes Blech, auch dadurch gehen die einzelnen Blätter schön auf.

Rührteig

Beim Rührteig sollen alle Zutaten Zimmertemperatur haben, dann verbinden sie sich am besten. Sobald das Mehl vollständig untergearbeitet ist, nicht mehr rühren, weil der Teig sonst beim Backen fest wird. Ideal ist der Teig, wenn er zähflüssig reißend vom Löffel fällt.

Tortenboden durchschneiden

Bei einem zarten Boden können Sie nach dem Anritzen einen Zwirnfaden herumlegen und den dann vorsichtig zusammenziehen. Der Faden zerschneidet dabei den Boden.

Bei etwas festeren Tortenböden setzen Sie das Messer waagerecht am Rand an und ritzen den Kuchen ringsherum an der Stelle ein, an der Sie den Boden durchschneiden möchten. Schneiden Sie dann so weiter ein und drehen dabei den Boden mit der anderen Hand, bis er durchgeschnitten ist.
Mit einem flexiblen Tortenheber aus Edelstahl können Sie Tortenscheiben sicher abheben und transportieren.

Tips & Tricks

- Extra steife Sahne bekommt man, wenn man Sahne und das Gefäß, in dem sie geschlagen wird, vorkühlt. Da H-Schlagsahne nicht »reif« genug ist, geben Sie etwas Zitronensaft hinzu, damit sie sich besser aufschlagen läßt. Zucker gleich hinzufügen, damit er sich während des Schlagens auflösen kann. Andere Geschmacksstoffe, wie Säfte und Schokolade fügen Sie erst am Schluß hinzu. Sahne nicht zu lange schlagen, sie wird sonst – ebenso wie Eischnee – flockig oder sogar wie Butter.
- Schön feinporig werden Biskuitböden, Wiener Massen oder Sandkuchen, wenn Sie einen Teil des Mehls durch feine Speisestärke (z.B. MONDAMIN) ersetzen.
- Kuchen und Torten sind durchgebacken, wenn an einem Holzstäbchen, das Sie in den Teig stecken, nichts mehr kleben bleibt.
- Tortenränder werden besonders dekorativ, wenn man die Creme oder Sahne erst mit einer Palette gleichmäßig dick aufträgt und dann mit einem Zackenschaber rundherum ein Muster hineinstreicht.

Bûche de Noël

- Spezialität
- Zum Nachmittags-kaffee

Für 1 Roulade von etwa 30 cm Länge:

Für die Füllung:
40 g feine Speisestärke (z.B. MONDAMIN)
1/2 l Milch
100 g Zucker
1 EL Kakaopulver
1 EL Instant-Kaffeepulver
250 g weiche Butter
Für den Teig:
35 g Butter • 6 Eigelb
100 g Zucker
4 Eiweiß
70 g Mehl
30 g feine Speisestärke (z.B. MONDAMIN)
Zum Dekorieren:
gehackte Pistazien
Puderzucker
Schokoladenblätter
Für das Backblech:
Backpapier

Zubereitungszeit: 40 Min.
Backzeit: 5–8 Min
Kühlzeit: 1 1/2 Std.

Bei 15 Stück pro Stück ca.:
1200 kJ/290 kcal
3 g EW/20 g F/22 g KH

1 Nach Packungsvorschrift aus dem Puddingpulver, der Milch und dem Zucker einen Pudding kochen. Das Kakao- und das Kaffeepulver einrühren. Den Pudding erkalten lassen. Löffelweise die Butter einrühren, so daß eine Creme entsteht.

2 Das Backblech mit Backpapier belegen. Den Backofen auf 220° vorheizen. Die Butter für den Teig zerlassen. Die Eigelbe mit 50 g Zucker cremig rühren. Die Eiweiße mit dem restlichen Zucker steif schlagen. Eigelbmasse und Eischnee vorsichtig mischen. Das Mehl und die Speisestärke auf die Eimasse sieben und untermischen. Die Butter unterheben. Den Teig auf dem Backblech verstreichen. Im Backofen (Mitte, Umluft 200°) in 5–8 Min. goldgelb backen.

3 Die Biskuitplatte auf ein Küchentuch stürzen. Das Papier abziehen. Den Kuchen erkalten lassen. Zwei Drittel der Creme auf der Biskuitplatte verstreichen. Kuchen aufrollen, mit Backpapier fest umschließen und etwa 30 Min. kühl stellen.

4 Die Roulade aus dem Papier nehmen. Restliche Creme in einen Spritzbeutel mit Sterntülle füllen, in Längsstreifen auf die Roulade spritzen. Mit Pistazien, Puderzucker und Schokoladenblättern dekorieren. Die Roulade vor dem Verzehr etwa 1 Std. kühl stellen.

Honig-Ingwer-Kuchen

- Spezialität
- Zum Verschenken

Für 1 Kastenform von 25 cm Länge:

250 g Honig
125 g weiche Butter
125 g brauner Zucker
Salz
3 Eier
400 g Mehl
1 Päckchen Backpulver
1/8 l Milch
1 TL Zimtpulver
1 TL Ingwerpulver
Zum Dekorieren:
150 g Schokoladenkuvertüre, halbbitter
3 EL gehackte Mandeln
Für die Form:
Backpapier

Zubereitungszeit: 30 Min.
Backzeit: 50 Min.

Bei 15 Stück pro Stück ca.:
1400 kJ/330 kcal
5 g EW/13 g F/49 g KH

1 Die Kastenform mit Backpapier auskleiden. Den Backofen auf 180° vorheizen. Den Honig erwärmen.

2 Die Butter mit dem Zucker und einer Prise Salz schaumig rühren. Die Eier und den Honig dazugeben und untermischen. Das Mehl und das Backpulver mit der Milch, dem Zimt und dem Ingwerpulver unterrühren.

3 Den Teig in die Backform füllen und im Backofen (Mitte, Umluft 160°) in etwa 50 Min. backen. Den Honig-Ingwer-Kuchen in der Form erkalten lassen.

4 Den Kuchen aus der Form nehmen. Eine Metallschüssel in einen Topf mit heißem, aber nicht kochendem Wasser stellen. Die Kuvertüre in die Schüssel bröckeln und darin schmelzen. Den Kuchen mit der Kuvertüre bestreichen und sofort mit den Mandeln bestreuen.

Im Bild oben: Honig-Ingwer-Kuchen
Im Bild unten: Bûche de Noël

Weihnachtskranz

- Gelingt leicht
- Spezialität

Dieses Blätterteiggebäck gibt es in Holland zum Nikolaustag!

Für 2 Kränze von 20 cm ø:

250 g gemahlene Mandeln
250 g Zucker
2 EL Zitronat
1 Ei
6 Platten TK-Blätterteig (450 g)
200 g Sauerkirschen (Abtropfgewicht)
1 Eiweiß
Zum Dekorieren:
1 Eigelb
kandierte Kirschen
Mandelkerne
Für die Arbeitsfläche:
Mehl
Für das Backblech:
Backpapier

Zubereitungszeit: 50 Min.
Ruhezeit: etwa 12 Std.
Backzeit: 15–20 Min.

Bei 20 Stück pro Stück ca.:
980 kJ/235 kcal
5 g EW/14 g F/22 g KH

1 Die Mandeln, den Zucker, 50 ml Wasser, das Zitronat und das Ei verrühren und über Nacht kühl stellen.

2 Die Blätterteigplatten in etwa 15 Min. auftauen lassen. Das Backblech mit Backpapier belegen. Den Backofen auf 190°C vorheizen. Teig auf der bemehlten Arbeitsfläche zu zwei Stücken von 12 cm Breite und 40 cm Länge ausrollen. Die Mandelmasse in einen Spritzbeutel füllen und gleichmäßig, jeweils längs, in die Mitte der Teigstücke dressieren. Die abgetropften Sauerkirschen in die Mandelmasse drücken, den Teig aufrollen und die Nahtstellen mit etwas Eiweiß bestreichen.

3 Die Teigrollen mit der Nahtstelle nach unten zu je einem Kranz legen. Die Anschlußstellen mit dem restlichen Eiweiß bestreichen und zusammendrücken.

4 Das Eigelb mit einer halben Tasse Wasser verrühren. Den Kranz damit bestreichen und mit kandierten Kirschen und Mandeln dekorieren. Im Backofen (Mitte, Umluft 170°) in etwa 15–20 Min. goldbraun backen.

Weihnachtslichtel

● Raffiniert
● Braucht etwas Zeit

Für etwa 16 Stück:

50 g Mehl
30 g feine Speisestärke (z.B. MONDAMIN)
50 g gemahlene Mandeln
8 Eigelb • 100 g Zucker
4 Eiweiß • Salz
4 EL Rum
400 g Orangenmarmelade
100 g Kokosraspel
100 g Schokoladenkuvertüre, halbbitter
16 geschälte Mandelkerne
gehackte Pistazien
Für das Backblech:
Backpapier

Zubereitungszeit: 1 1/2 Std.
Backzeit: 10 Min.

Bei 16 Stück pro Stück ca.:
920 kJ/220 kcal
3 g EW/10 g F/30 g KH

1 Backofen auf 220° vorheizen. Backblech mit Backpapier belegen. Mehl und Speisestärke auf Backpapier sieben. Mandeln daruntermischen. Die Eigelbe mit 50 g Zucker cremig rühren. Die Eiweiße mit einer Prise Salz und dem restlichen Zucker steif schlagen.

2 Ein Drittel des Eischnees unter die Eigelbmasse heben. Den restlichen Eischnee mit dem Mandelmehl vorsichtig unterarbeiten.

3 Den Teig auf das Backblech streichen. Im Backofen (Mitte, Umluft 200°) in etwa 10 Min. goldgelb backen.

4 Biskuit auf ein Küchentuch stürzen. Das Backpapier abziehen. Die Platte mit dem Rum beträufeln und in 2 Hälften schneiden. 300 g Orangenmarmelade glattrühren und dünn auf den Biskuit auftragen. Die beiden Platten vorsichtig aufrollen.

5 Restliche Marmelade erhitzen. Rollen damit bestreichen. Kokosraspel darüber streuen.

6 Die Kuvertüre im Wasserbad schmelzen. Die Mandelkerne rösten.

7 Rollen in Stücke von etwa 4–5 cm Länge schneiden. Jeweils erst die eine Schnittfläche etwa 5 mm tief in die Kuvertüre tauchen, dann die andere. Zum Trocknen auf das Backpapier legen. Mit flüssiger Kuvertüre auf jedes Lichtel eine Mandel so kleben, daß sie wie eine Kerzenflamme aussieht. Mit gehackten Pistazien bestreuen.

Punschapfeltorte

- Braucht etwas Zeit
- Raffiniert

Für eine Springform von 26 cm ø:

Für den Teig:
100 g Marzipanrohmasse
150 g weiche Butter
50 g feine Speisestärke (z. B. MONDAMIN)
3 Eier
150 g Zucker
1 Päckchen Vanillinzucker
100 g Mehl
1 TL Backpulver
Für den Belag:
1/2 l kräftiger Rotwein
100 ml Orangensaft
3 EL Rum
6 EL Zucker
1 dünne Scheibe von einer unbehandelten Zitrone
1/2 Zimtstange
3 Nelken
2 säuerliche Äpfel
7 Blatt Gelatine
1 EL feine Speisestärke (z. B. MONDAMIN)
600 g Sahne
Für das Gelee:
4 Blatt Gelatine
Zum Dekorieren:
200 g Sahne
1 Päckchen Sahnesteif
40 g gehackte Pistazien
Für die Form:
Backpapier

Zubereitungszeit: 1 Std.
Backzeit: 15 Min.
Kühlzeit: 1 3/4 Std.

Bei 16 Stück pro Stück ca.:
1800 kJ/430 kcal
7 g EW/28 g F/31 g KH

1 Die Marzipanrohmasse kleinschneiden und mit der Butter und der Speisestärke schaumig rühren. Die Springform mit Backpapier auskleiden. Den Backofen auf 200° vorheizen.

2 Eine Metallschüssel in einen Topf mit wenig heißem Wasser stellen. Die Eier, den Zucker und den Vanillinzucker darin schaumig schlagen. Die Schüssel aus dem Wasserbad nehmen und die Masse weiterschlagen bis eine helle, cremige Masse entstanden ist. Mit der Marzipanmischung verrühren. Das Mehl und das Backpulver darübersieben und unterheben. Den Teig in die Springform geben und glattstreichen. Im Backofen (Mitte, Umluft 180°) in etwa 15 Min. backen

3 Den Rotwein mit dem Orangensaft, dem Rum, dem Zucker, der Zitronenscheibe, der Zimtstange und den Nelken aufkochen. Die Äpfel waschen, schälen, vierteln und vom Kerngehäuse befreien. Jedes Viertel in drei Scheiben schneiden. In dem Punsch etwa 10 Min. köcheln lassen.

4 Die 7 Gelatineblätter in kaltem Wasser einweichen. Das Apfelkompott in ein Sieb schütten, dabei den Punsch auffangen. 1/4 l Punsch mit der Speisestärke binden. Die Gelatine abtropfen lassen, ausdrücken und in den warmen, angedickten Punsch rühren.

5 Für das Gelee die 4 Gelatineblätter in kaltem Wasser einweichen, abtropfen lassen, ausdrükken und in den restlichen Punsch rühren.

6 Den Tortenboden aus der Form lösen und das Backpapier abziehen. Den Kuchen wieder in die Springform setzen. 600 g Sahne steif schlagen. Zuerst etwa ein Drittel unter den angedickten Punsch rühren, dann den Rest mit einem Holzlöffel unterziehen. Auf den Tortenboden geben und glattstreichen.

7 Die Apfelstücke ringförmig auf die Punschsahne legen. Die Torte etwa 15 Min. kühl stellen, dann das Punschgelee darauf gießen. Die Torte etwa 1 1/2 Std. kühl stellen.

8 Die Punschapfeltorte aus der Springform lösen. 200 g Sahne steif schlagen, dabei das Sahnesteif einstreuen.

9 Den Rand der Torte mit einem Teil der Sahne bestreichen. Die restliche Sahne in einen Spritzbeutel mit Sterntülle geben und Rosetten auf die Tortenoberfläche spritzen. Die Pistazien an den Rand und auf die Rosetten streuen. Die Torte bis zum Servieren in den Kühlschrank stellen.

TIPS!

- Dieses Glanzstück jeder Kaffeetafel können Sie zur Abwechslung statt mit Äpfeln auch einmal mit Birnen zubereiten.
- Wie Sie den Tortenrand besonderts schön verzieren, lesen Sie auf Seite 49.

Sächsischer Blechkuchen

- Spezialität
- Gelingt leicht

Für 1 Backblech:

350 g Kartoffeln
200 g Sultaninen
350 g Mehl • 300 ml Milch
1 Würfel Hefe (42 g)
150 g Zucker
40 g Butterschmalz
1/2 TL Salz
abgeriebene Schale von 1/2 unbehandelten Zitrone
50 g Zitronat
Für den Belag:
125 g Butter
200 g Zucker
3 TL Zimtpulver
Für das Backblech:
Butterschmalz
Für die Arbeitsfläche:
Mehl

Zubereitungszeit: 1 1/2 Std.
Ruhezeit: etwa 12 Std.
Backzeit: 20 Min.

Bei 24 Stück pro Stück ca.:
880 kJ/210 kcal
2 g EW/8 g F/36 g KH

1 Die Kartoffeln waschen, etwa 30 Min. garen, abgießen und pellen. Durch die Kartoffelpresse drükken. Über Nacht stehen lassen.

2 Die Sultaninen mit heißem Wasser waschen und trockentupfen. Mehl in eine Schüssel sieben. In die Mitte eine Mulde drücken. Die Milch lauwarm erhitzen. Die Hefe in die Mulde bröckeln und mit der Milch, einer Prise Zucker und etwas Mehl vom Rand verrühren. Den Vorteig zugedeckt an einem warmen Ort etwa 15 Min. ruhen lassen.

3 Den restlichen Zucker, das Butterschmalz, das Salz und die Zitronenschale in die Schüssel geben. Alles mit den Knethaken des Handrührgeräts verrühren, bis der Teig sich vom Schüsselrand löst. Die Sultaninen, das Zitronat und die Kartoffeln unterarbeiten. Den Teig zugedeckt an einem warmen Ort etwa 15 Min. ruhen lassen. Backblech fetten. Ofen auf 220° vorheizen.

4 Den Teig auf der bemehlten Arbeitsfläche ausrollen und auf das Blech legen. Mit den Fingerspitzen Vertiefungen in den Teig drücken. Die Butter zerlassen. Etwa die Hälfte davon auf den Teig streichen. Zucker mit Zimt vermischen und den Kuchen damit bestreuen.

5 Im Backofen (unten, Umluft 200°) etwa 20 Min. backen. Kurz vor Ende der Backzeit die restliche Butter auf den Kuchen streichen.

Zimtwaffeln

- Gelingt leicht
- Preiswert

Für etwa 10 Waffeln:

125 g weiche Butter
50 g Zucker
1 Päckchen Vanillinzucker
3 Eier
150 g Mehl
100 g feine Speisestärke (z. B. MONDAMIN)
1/2 Päckchen Backpulver
1/8 l Milch
1 TL Zimtpulver
Salz
4 Kiwis
2 Orangen
Für das Waffeleisen:
Butterschmalz
Zum Bestäuben:
Puderzucker

Zubereitungszeit: 20 Min.
Backzeit: 2–3 Min. pro Waffel

Bei 10 Stück pro Stück ca.:
1125 kJ/270 kcal
7 g EW/13 g F/31 g KH

1 Die Butter mit dem Zucker und dem Vanillinzucker dickschaumig rühren.

2 Nacheinander die Eier, das Mehl, die Speisestärke, das Backpulver, die Milch, den Zimt und eine Prise Salz einrühren.

3 Kiwis schälen und in Scheiben schneiden. Orangen wie einen Apfel schälen und die Filets mit einem scharfen Messer aus den Trennhäuten schneiden.

4 Das Waffeleisen erhitzen und einfetten. Eine kleine Kelle Teig auf der Backfläche verteilen. Das Waffeleisen schließen und den Teig in 2–3 Min. knusprig backen. Auf diese Weise den ganzen Teig backen.

5 Die fertigen Waffeln mit Puderzucker bestäuben und mit den Kiwischeiben und Orangenfilets servieren.

TIP!

Zimtwaffeln schmecken nicht nur mit Kiwis und Orangen: Verwenden Sie einfach Ihr Lieblingsobst. Gut schmecken auch Fruchtgrützen – mit oder ohne Vanillesauce. Etwas Sahne paßt immer. Probieren Sie mal Sahne mit einem Schuß Eierlikör.

Im Bild oben: Sächsischer Blechkuchen
Im Bild unten: Zimtwaffeln

Baumkuchenecken

- Raffiniert
- Zum Verschenken

Mit etwas Geduld gelingen die feinsten Köstlichkeiten, so auch die unwiderstehlichen Baumkuchenecken.

Für etwa 30 Stück:

Für die Füllung:
200 g Sahne
1 EL Zucker
100 g Schokoladenkuvertüre, halbbitter
100 g Nougat
1 EL Butter
1 Eigelb

Für den Teig:
150 g weiche Butter
70 g feine Speisestärke (z. B. MONDAMIN)
50 g Marzipanrohmasse
gemahlene Muskatblüte
abgeriebene Schale von 1/2 unbehandelten Zitrone
8 Eier
170 g Zucker
Salz
60 g Mehl

Für die Glasur:
300 g Schokoladenkuvertüre, halbbitter
40 g gehackte Pistazien

Für das Backblech:
Butterschmalz
Backpapier

Zubereitungszeit: 2 Std.
Kühlzeit: 10 Std.
Backzeit: ca. 25 Min.

Bei 30 Stück pro Stück ca.:
1000 kJ/240 kcal
4 g EW/17 g F/20 g KH

1 Für die Füllung die Sahne mit dem Zucker aufkochen. Kuvertüre und Nougat kleinschneiden und bei schwacher Hitze darin auflösen. Etwa 5 Min. rühren, bis die Masse cremig wird. Die Butter und das Eigelb unterrühren. Die Creme zugedeckt etwa 8 Std. kühl stellen.

2 Den Backofen auf 240° vorheizen. Den Rand des Backblechs einfetten. Das Blech mit Backpapier auslegen.

3 Für den Teig die Butter mit der Speisestärke verrühren. Die Marzipanrohmasse kleinschneiden und mit einer Prise Muskatblüte und der Zitronenschale zur Buttermasse geben. Alles schaumig rühren.

4 Die Eier trennen. Die Eigelbe mit der Hälfte des Zuckers zu einer hellen, cremigen Masse verrühren. Das dauert 8–10 Min.

5 Die Eiweiße mit einer Prise Salz steif schlagen, dabei langsam den restlichen Zucker einrieseln lassen.

6 Die Butter- und die Eigelbmasse miteinander verrühren. Vorsichtig erst ein Drittel des Eischnees unterheben, dann den Rest zusammen mit dem Mehl unterziehen.

7 Etwa ein Fünftel des Teigs auf das Backblech streichen und im Backofen (oben, Umluft 220°) etwa 5 Min. backen. Die Oberfläche soll gleichmäßig goldgelb sein. Das nächste Fünftel auf die erste Schicht streichen und etwa 5 Min. backen. Den Vorgang so lange wiederholen, bis der Teig verbraucht ist.

8 Den Baumkuchen auf dem Blech auskühlen lassen. Mit einem Messer vom Rand lösen, auf eine Platte stürzen und das Backpapier abziehen. Den Kuchen in zwei Hälften schneiden.

9 Eine Metallschüssel in einen Topf mit wenig heißem, aber nicht kochendem Wasser stellen. Die Creme in die Schüssel geben und schaumig rühren. Die Teigplatte mit der Creme bestreichen und die andere Kuchenhälfte darauf setzen. Den Kuchen etwa 2 Std. kühl stellen.

10 Das Wasserbad wieder erhitzen. Die Kuvertüre in die Schüssel bröckeln und im Wasserbad schmelzen. Den Kuchen in etwa 5 x 5 cm große Quadrate schneiden und diese diagonal teilen. Mit der Kuvertüre überziehen und mit den Pistazien bestreuen. Auf Backpapier trocknen lassen.

VARIANTE

Aus demselben Teig können Sie auch eine Baumkuchentorte zubereiten. Teilen Sie den Teig in zwei Portionen und backen Sie ihn jeweils schichtweise nacheinander in zwei Springformen. Mit der Creme setzen Sie die beiden Böden zusammen und bestreichen die Oberfläche der Torte. Zum Schluß überziehen Sie die gekühlte Torte mit der Kuvertüre und bestreuen sie mit Pistazien.

Mohnsahnetorte

- Zum Nachmittags-kaffee
- Raffiniert

Mit einer Füllung aus Sahne, Mohn, Orangeat und Zitronat eine typische Wintertorte.

Für eine Springform von 26 cm ø:

Für den Teig:
4 Eier
100 g Zucker
1 Päckchen Vanillinzucker
Salz
70 g Mehl
50 g feine Speisestärke (z.B. MONDAMIN)
1/2 Päckchen Backpulver
6 EL Öl
Für die Füllung:
80 g Mohn
1 EL Zitronat
1 EL Orangeat
1/8 l Milch
3 EL Zucker
5 Tropfen Bittermandel-aroma
7 Blatt Gelatine
600 g Sahne
Zum Dekorieren:
3 Blatt Gelatine
400 g Sahne
1 EL Zucker
16 rote Belegkirschen
3 EL Schokospäne
1 TL Puderzucker
Schokoladensterne
Für die Form:
Backpapier

Zubereitungszeit: 1 1/4 Std.
Backzeit: 20 Min.
Kühlzeit: 1 1/2 Std.

Bei 16 Stück pro Stück ca.:
1300 kJ/310 kcal
7 g EW/21 g F/24 g KH

1 Den Backofen auf 180° vorheizen. Die Springform mit Backpapier auskleiden.

2 Eine Metallschüssel in einen Topf mit wenig heißem, aber nicht kochendem Wasser stellen. Die Eier, den Zucker, den Vanillinzucker und einer Prise Salz darin schaumig schlagen. Die Schüssel aus dem Wasserbad nehmen und die Masse weiterschlagen, bis eine dicke Creme entstanden ist. Das Mehl, die Speisestärke und das Backpulver auf die Eiermasse sieben. Das Öl dazugeben und alles vorsichtig verrühren.

3 Den Teig einfüllen und glattstreichen. Im Ofen (Mitte, Umluft 160°) in etwa 20 Min. backen. Den Kuchen in der Form auskühlen lassen.

4 Für die Füllung den Mohn in einer Mohnmühle mahlen oder im Blitzhacker so lange bearbeiten, bis er deutlich dunkler geworden ist. Das Zitronat und das Orangeat sehr fein hacken. Die Milch mit dem Zucker aufkochen. Den Mohn, das Zitronat, das Orangeat und das Bittermandelaroma einrühren.

5 7 Blatt Gelatine in kaltem Wasser einweichen. Den Tortenboden aus der Form lösen und das Backpapier abziehen. Den Tortenboden quer halbieren. Eine Hälfte wieder in die Springform setzen.

6 Die Gelatine abtropfen lassen, ausdrücken und in einem Topf bei schwacher Hitze auflösen. In die Mohnmasse rühren und lauwarm abkühlen lassen. 600 g Sahne steif schlagen und unter die Mohnmasse heben. Die Mohnsahne gleichmäßig auf dem Tortenboden in der Form verstreichen. Den zweiten Tortenboden darauf legen. Die Torte in der Form etwa 1 1/2 Std. kühl stellen.

7 3 Blatt Gelatine in kaltem Wasser einweichen. Die Torte mit einem Messer vom Rand der Form lösen und den Ring abnehmen. 400 g Sahne steif schlagen, dabei den Zucker einrieseln lassen. Die Gelatine abtropfen lassen, ausdrücken und in einem Topf bei schwacher Hitze auflösen. Etwas abkühlen lassen und unter die Sahne mischen.

8 Tortenrand und Tortendeckel mit einem Teil der Sahne bestreichen. Tortenrand mit einem Zackenschaber verzieren (siehe auch S. 49). Die restliche Sahne in einen Spritzbeutel mit Sterntülle füllen und 16 Rosetten auf die Tortenoberfläche spritzen.

9 Die Belegkirschen auf die Rosetten setzen. In die Mitte die Schokospäne streuen und den Puderzucker darüber sieben. Die Schokoladensterne an die Rosetten stecken und an den Tortenrand drücken. Die Torte bis zum Servieren kühl stellen.

Impressum

Redaktion: Christine Wehling
Lektorat: Christiane Kührt, Constanze Hub
Layout, Typographie und Umschlaggestaltung:
Heinz Kraxenberger
Satz und Herstellung: BuchHaus Robert Gigler GmbH
Produktion: Helmut Giersberg
Fotos: Odette Teubner, Dorothee Gödert; Teubner Archiv U2, S. 5, S. 36. S. 49
Reproduktion: PHG, München
Druck und Bindung: Kaufmann, Lahr
ISBN 3-7742-3671-2

Der Verlag und die Redaktion danken der Pfanni-Maizena GmbH für die freundliche Unterstützung.

Auflage	5.	4.	3.	2.	1.
Jahr	02	01	2000	99	98

Birgit Schlegel
lebt in Dresden, wo sie auch geboren ist. Sie stammt aus einer Familie, die bereits seit drei Generationen eine Bäckerei betreibt. Da lag es nahe, daß Frau Schlegel in die Fußstapfen von Großeltern und Mutter trat und Konditormeisterin wurde. Nach ihrer Ausbildung war sie Chefpatissier im »Dresdner Hof«, heute leitet sie die Patisserie des »Dresden Hilton«. Ihre Freizeit verbringt sie mit ihrem Mann und ihren beiden Töchtern.

Odette Teubner
wuchs bereits zwischen Kameras, Scheinwerfern und Versuchsküche auf. Ausgebildet wurde sie durch ihren Vater, den international bekannten Food-Fotografen Christian Teubner. Nach einem kurzen Ausflug in die Modefotografie kehrte sie in die Foodbranche zurück und hat seitdem das seltene Glück, Beruf und Hobby zu vereinen. Odette Teubner liebt die tägliche Herausforderung, die Frische und Natürlichkeit der Lebensmittel optimal in Szene zu setzen.

W

Z

GASHERD-TEMPERATUREN

Die Temperaturstufen bei Gasherden variieren von Hersteller zu Hersteller. Welche Stufe Ihres Herdes der jeweils angegebenen Temperatur entspricht, entnehmen Sie bitte der Gebrauchsanweisung.

ABKÜRZUNGEN

TL = Teelöffel
EL = Eßlöffel
Msp. = Messerspitze

kJ = Kilojoules
kcal = Kilokalorien
EW = Eiweiß
F = Fett
KH = Kohlenhydrate

BACKEN MIT UMLUFT

Alle Temperatur- und Zeitangaben in diesem Buch beziehen sich aufs Backen mit Ober- und Unterhitze. Die entsprechende Umluft-Temperatur ist etwa 10% geringer und ist in jedem Rezept in Klammern angegeben. Beachten Sie beim Backen mit Umluft aber auch, daß das Gebäck mehr Oberhitze bekommt und dadurch leichter dunkler wird. Behalten Sie das Gebäck deshalb im Auge und decken Sie es, wenn nötig, mit Alufolie ab.

GLUTENFREIES GEBÄCK

Gluten ist ein Klebereiweiß, das in Weizen- und Roggenmehl enthalten ist. Bei bestimmten Stoffwechsel- und Hauterkrankungen ist es wichtig, daß sich die Patienten glutenfrei ernähren.